Schreibkonferenzen in Klasse 3 und 4

Lehrer-Bücherei: Grundschule

Herausgegeben von
Horst Bartnitzky und Reinhold Christiani

Gudrun Spitta

Schreibkonferenzen in Klasse 3 und 4

Ein Weg vom spontanen Schreiben zum bewußten Verfassen von Texten

Cornelsen
SCRIPTOR

Gedruckt auf chlorfrei gebleichtem
Papier ohne Dioxinbelastung der
Gewässer.

Die Deutsche Bibliothek – CIP-Einheitsaufnahme

Spitta, Gudrun
Schreibkonferenzen in Klasse 3 und 4: ein Weg vom spontanen Schreiben zum bewußten Verfassen von Texten / Gudrun Spitta. – Frankfurt am Main: Cornelsen Scriptor, 1992
(Lehrer-Bücherei: Grundschule)
ISBN 3-589-05026-8

8.	7.	6.	5.	4.	Die letzten Ziffern bezeichnen
01	2000	99	98	97	Zahl und Jahr des Drucks.

Umschlaggestaltung: Studio Lochmann, Frankfurt am Main
Satz: Fotosatz Otto Gutfreund, Darmstadt
Druck und Bindearbeiten: Clausen & Bosse GmbH, Leck
Printed in Germany
ISBN 3-589-05026-8
Bestellnummer 50268

Vorwort

Dieses Buch gehört in den Rahmen von Bestrebungen, eine Schule zu schaffen, in deren Mittelpunkt die ihr anvertrauten Kinder stehen, eine Schule also, die sich den Kindern mit ihren individuellen Lebenserfahrungen und Lernwegen öffnet, eine Schule, die Kinder als Menschen ernst nimmt und ihnen gleichzeitig mit Einfühlsamkeit und Herausforderung begegnet.

Freie Arbeit – Lebensbezug – Handlungsorientierung sind Begriffe, die Signale sein können für eine solche kindgerechte, also menschenwürdige Schule.

Dem *Schreiben* kommt in diesem Zusammenhang ein ganz besonderer Stellenwert zu, da Schreiben – wird es in der Schule positiv erfahren als „intellektuelles Produktionsmittel des Menschen" (Utz Maas) – im Kinde ungeahnte Kräfte freizusetzen, kreative Denk- und Handlungsweisen hervorzubringen und identitätsbildende Selbst- und Weltfindungsprozesse auszulösen vermag.

Die in diesem Band dokumentierten Texte von Grundschulkindern sowie die in fallstudienartigen Berichten festgehaltenen Erfahrungsprozesse und Lernentwicklungen während der Arbeit mit Schreibkonferenzen sind greifbare Beweise für den Realitätsgehalt dieser zunächst so anspruchsvoll und abgehoben klingenden Thesen.

Solch „hehren Zielen" können wir uns in der Schule allerdings nicht nähern, wenn wir meinen, es genüge schon, die alte Aufsatzpraxis, mit ihrem kind-, lebens- und lernprozeßfeindlichen „Schuldeutsch" (Rumpf), durch Einfügen von einigen „modernen Elementen" wie Schreibkonferenzen ein wenig aufzupolieren. Nein, dazu ist eine gründlichere Neubesinnung unerläßlich!

Kindorientierung – Prozeßorientierung – Sachorientierung sind wichtige Wegweiser bei der Neuformulierung fachdidaktischen Denkens in der Grundschule, wobei einzelne Aspekte dieses Weges durchaus so neuartig nicht sind, sondern alte, erprobte reformpädagogische Ansätze aufgreifen, erweitern oder verfeinern.

Für mich selbst stand am Beginn dieses Umdenkens zunächst eine große Portion Unzufriedenheit. Unzufriedenheit mit den sterilen, gleichartigen Kindertexten, die der traditionelle Aufsatzunterricht allenthalben hervorbrachte (Klagen darüber in Lehrerfortbildungsseminaren könnten Aktenordner füllen...). Hinzu kam eine wachsende Verunsicherung, ausgelöst durch die so entwaffnend ehrliche „grundsätzliche Lustlosigkeit", die viele Kinder (und auch Lehrer/innen) befiel, sobald es ans Aufsatzschreiben ging.

Je länger ich über mögliche Gründe für diese Erscheinungen nachdachte, desto deutlicher kristallisierte sich schließlich in mir eine Wut heraus – eine Wut über die Ansprüche, die wir Kindern zumuten unter dem Deckmantel einer „Aufsatzdidaktik", die zum kommunikationsgerechten, selbstverantwortlichen Gebrauch von Schrift in der Realität erziehen soll. Wir verlangen von ihnen,

- zu einer ganz bestimmten (fremdbestimmten) Zeit
- zu einem ganz bestimmten, vorab bereits durchgesprochenen (meistens lebensfremden) Thema
- innerhalb eines ebenfalls vorab festgelegten Zeitraumes
- mit vorab bereits geübten, der jeweiligen Lehrerin wohlgefälligen Wörtern für eine Note auf dem Zeugnis

eine Art „Scheintext" zu produzieren.

In diesem Lichte betrachtet, schien mir die viel zitierte „Schreibunlust" von Kindern durchaus eine sehr gesunde Reaktion auf dieses einengende Lernarrangement zu sein.

Ein zusätzlicher Grund für die Abkehr vom traditionellen Aufsatzunterricht (speziell in dritten/vierten Klassen) war für mich die Erfahrung, daß für Kinder, die im ersten Schuljahr ohne Fibel – an ihren eigenen Texten – das Lesen und Schreiben gelernt und die im zweiten Schuljahr ihre sprachlichen Fähigkeiten an freien Texten weiter entwickelt hatten, unbedingt ein anderer, die bisherigen Lernerfahrungen der Kinder aufgreifender Weg zum „weiterführenden Schreiben" gefunden werden mußte – ein Weg vom spontanen Schreiben zum bewußten Verfassen von Texten.

Die Suche nach Alternativen führte mich über mehrere Vorformen auf das aus dem angelsächsischen Sprachraum stammende Konzept der Arbeit mit Schreibkonferenzen. Im Laufe der letzten vier Jahre erprobten (analysierten und variierten) wir in über vierzig Berliner Grundschulklassen diese besondere Art, Texte zu verfassen.

Wir, das sind die vielen Lehrerinnen und Kinder, die sich offen, neugierig und kritisch auf die Arbeit mit Schreibkonferenzen einließen, die mich ohne Scheu an ihren Lernprozessen teilhaben ließen und die bereitwillig ihre Erfahrungen während der Arbeit mit Schreibkonferenzen schriftlich festhielten.

So habe ich dieses Buch (und das ist mir in diesem Ausmaß zum ersten Mal gelungen) nicht allein, sondern unter wesentlicher Beteiligung der Hauptakteure geschrieben: „Mitgeschrieben" haben viele Berliner Grundschulkinder aus dritten und vierten Klassen, die freiwillig und sehr ernsthaft in schriftlichen und mündlichen Interviews ihre erstaunlich reflektierten Gedanken zur Arbeit mit Schreibkonferenzen preisgaben. Diese Kindergedanken durchziehen das gesamte Buch wie eine kostbare Perlenkette.

„Mitgeschrieben" haben auch die vielen Lehrer/innen, die für die Auswertungsseminare u.a. Fallstudien über einzelne Kinder verfaßten, ihre eigenen Veränderungsprozesse dokumentierten, Beobachtungen unter bestimmten Fragestellungen durchführten oder Schreibkonferenzen auf Kassette mitschnitten und zur Auswertung mühsam transkribierten – alles freiwillig neben der normalen Schularbeit! Ohne diese wertvollen Berichte fehlte dem Buch der Realitätsgehalt der Praxis.

Stellvertretend für alle Beteiligten danke ich dabei Hauke Niemer, Elke Gleske, Birgitt Gleitz, Gaby Gerhard, Gisela Janssen, Christa Marx, Jutta Schwenke, Karin Babbe, Ulla Reuter-Manß, Wilhelm Holthus, Rainer Paasch, Dagmar Blümich, Dagmar Brinkmann, Uta Heckenbach, Mechthild v. d. Kemp.

Für mich selber stellten diese letzten vier Jahre ein großes Geschenk dar. Ich bin dankbar für die beglückende Erfahrung, wie intensiv Kinder, Lehrer/innen und Dozentin miteinander bzw. voneinander lernen konnten und dabei mit Phantasie, Sachkompetenz, Humor, Mut und Lebenslust für das gemeinsame Ziel – eine menschenwürdige Schule – arbeiteten.

Berlin, Juli 1991 Gudrun Spitta

Inhalt

1. Schreibkonferenzen statt „Aufsatz"-schreiben

„Es riecht nach Geschichten ..."

„Es riecht nach Geschichten ..." verkündete mit feierlicher Stimme der neunjährige Ikmet eines Montagmorgens, als er kurz vor acht Uhr den Klassenraum der 3a in seiner Schule in Berlin-Moabit betrat. Prüfend nach links und rechts blickend, durchschritt er den Klassenraum. Dabei bewegten sich seine Nasenflügel – Witterung aufnehmend – in rascher Folge hin und her, bis er noch einmal nachdrücklich feststellte: „Es riecht nach Geschichten!"

Die übrigen Kinder der Klasse nahmen – offensichtlich vertieft in eine wichtige Arbeit – kaum Notiz von Ikmet. Dieser sah sich noch einmal kurz um, nickte, setzte sich an seinen Platz und vertiefte sich ebenfalls in eine dringende Arbeit.

Was war los mit Ikmet, daß er plötzlich anfing „poetisch" zu sprechen?

Was war los mit den Kindern der Klasse, daß sie am Montagmorgen bereits vor dem Klingeln, also vor dem eigentlichen Unterrichtsbeginn, freiwillig so ernsthaft und konzentriert arbeiteten, daß sie Ikmet nicht einmal bemerkten?

Ikmet hatte in Worte gefaßt, was sich seit einigen Wochen regelmäßig, jeden Montagmorgen, in dieser sonst so unruhigen und von der Lehrerin als äußerst problematisch erlebten Klasse abspielte. Statt herumzutoben, zu schreien und „das vergangene Wochenende lauthals abzureagieren", saßen die Kinder bereits vor Schulbeginn an ihren Plätzen und – schrieben, ja sie schrieben oder arbeiteten auf eine andere Weise an ihren Geschichten: Einige Kinder saßen in Dreiergruppen über einen Text gebeugt und sprachen mit dem Autorenkind über dessen Geschichte oder überprüften mit dem Wörterbuch die Schreibweise einiger Wörter. Andere Kinder übertrugen – durch Streichungen, Ergänzungen oder Überschreibungen – bereits heftig bearbeitete Entwürfe auf besondere Schmuckbögen, um ihren Text auf diese Weise „veröffentlichungsreif" zu machen. Wieder andere waren dabei, die erste Fassung einer Geschichte auf „Entwurfpapier" zu schreiben. Zwei Kinder waren in ein intensives Gespräch über ein zukünftiges Schreibthema verwickelt.

Wie war es zu diesem in den Augen der Lehrerin so erfreulichen und zugleich unerwarteten Verhalten der Kinder gekommen? Was war der Grund dafür?

Es war ganz einfach so: Die „Schreibbegeisterung" war ausgebrochen!

Denn seit einigen Wochen hatte die Klassenlehrerin damit begonnen, daß „Aufsätze" als „freie Texte" verfaßt, in „Schreibkonferenzen" mit anderen Kindern gemeinsam be- und überarbeitet und nach der „Endredaktion" durch die Lehrerin durch Übertragen auf besondere Bogen „veröffentlichungsreif" gemacht werden konnten. Montags war in der Klasse 3a nach der großen Pause „Veröffentlichungsstunde“ – eine Stunde, in der die Kinder ihre selbst verfaßten Texte in der Endversion der kritischen Klassenöffentlichkeit präsentieren konnten.

Und heute war Montag!

Schreibkonferenzen – was sind das?

Seit einiger Zeit geistert er durch die schreibdidaktische Landschaft, dieser merkwürdige Begriff – *Schreibkonferenzen.* Manche Leute sprechen auch von Schreibwerkstatt oder von Schreibgespräch. Man muß sich diesen Begriff einmal so richtig auf der Zunge zergehen lassen: *Schreibkonferenzen.*

Gut hört sich das an, nicht wahr?

Sehr ernsthaft, sehr professionell.

Nichts für Grundschulkinder, oder?

Was meinen Grundschulkinder selbst dazu?

Stephan und Martin, beide elf Jahre alt, äußern sich nach zwei Jahren Erfahrung mit Schreibkonferenzen in ihrer Grundschulklasse in einem Interview dazu.

Stephan: *„Ich fand es auch gut, wie die Kinder mich in der Schreibkonferenz beraten haben und daß jedes Kind auch mal seine Meinung über die Geschichte sagen konnte.“*

Martin: *„Und wenn man dabei aufpaßt, lernt man auch Geschichten schreiben. Wenn man Schriftsteller werden will, da bekommt man Tips dafür.“*

Sonja beschreibt Mitte der dritten Klasse für den Elternabend, wie eine Schreibkonferenz funktioniert: *„... Dann machst du eine Schreibkonferenz mit ein bis zwei Kindern, manchmal sogar noch mit der Lehrerin. Aber nun will ich erstmal richtig erklären, was eine Schreibkonferenz ist. Man setzt sich mit den zwei Kindern in eine ruhige Ecke. Derjenige, dem der Entwurf gehört, liest seinen Entwurf vor, und die anderen Mitarbeiter sagen eben, was derjenige vielleicht besser schreiben könnte. Zum Beispiel auf den Punkt am Satzende achten, auf Satzanfänge, auf wörtliche Rede usw. ...“*

Julia und Daniel aus derselben dritten Klasse finden: *„Die Schreibkonferenzen sind toll, weil man da die Geschichten schon hört.“*

Michaela und Markus aus einer anderen dritten Klasse erklären bei einer schriftlichen Befragung zu den Schreibkonferenzen: *„Das freie Schreiben finden wir gut, weil man da schreiben kann, was man will. Das Schreiben macht uns Spaß. Die Entwürfe werden bearbeitet. Dazu machen wir eine Schreibkonferenz. Die Schreibkonferenzen sind ganz gut, weil man dadurch neue Ideen fürs nächste Mal hat."*

Deniz, ein türkischer Junge, bringt auf den Punkt, was in fast allen Kinderäußerungen über Schreibkonferenzen wiederzufinden ist: *„Ich finde die Schreibkonferenzen schön, weil ich da die Fehler herausfinden kann."*

Und Kristina und Florian sehen am Ende der vierten Klasse folgende Vorzüge des Arbeitens mit Schreibkonferenzen.

Kristina: *„Ich finde es gut, daß wir ein freies Thema haben. Daß wir Schreibkonferenzen machen, finde ich auch gut, weil man sich dabei über die Geschichte richtig aussprechen kann."*

Florian: *„Ich finde es toll, daß wir Schreibkonferenzen machen, weil man da weiß von Schulfreunden, wie sie meine Geschichte finden. Man weiß dann auch, wie andere Geschichten heißen und wie die anderen sie schreiben."*

Schreibkonferenzen stellen demnach ein Verfahren dar, einen selbst verfaßten Text einer kleinen kritischen Öffentlichkeit zur Diskussion zu präsentieren, um aus den Reaktionen der Teilnehmer Hinweise für eine eventuelle Überarbeitung des Textes zu erhalten. Unter professionellen Schreibern sind Schreibkonferenzen ein ganz selbstverständlich praktiziertes Verfahren, um die Qualität der eigenen Texte – durch Vortrag und Diskussion – zu überprüfen und gegebenenfalls am Text Veränderungen vorzunehmen. Man trifft sich dazu in Schriftstellerzirkeln, Dichtercafés, in Workshops usw. Eingeführt in die didaktische Diskussion bzw. in die tägliche Unterrichtsarbeit in Grundschulklassen wurde dieses Verfahren Anfang der achtziger Jahre in England von einer Lehrer- und Forschergruppe um Donald H. Graves (GRAVES 1983).

Offensichtlich sind Grundschulkinder, wenn sie eine Weile mit Schreibkonferenzen arbeiten konnten, ganz entschieden der Ansicht, daß gerade dieses professionelle Verfahren für sie selbst besonders gut geeignet ist und ihnen und ihrem Lernprozeß sehr guttut. Die hier zitierten Kinderäußerungen stammen aus Befragungen in zehn Berliner Grundschulklassen (3./4. Schuljahr) und stellen typische Auffassungen zur Arbeit mit Schreibkonferenzen dar.

Dabei wird diese Art, Texte zu entwerfen, zu überarbeiten und zur Veröffentlichung zu bringen, von den Kindern nicht lediglich pauschal als „toll" oder „gut" bezeichnet, sondern einzelne, für das jeweilige Kind persönlich besonders wichtige Aspekte dieses Verfahrens werden als Ergebnis eines Prozesses kindlicher Reflexion über den eigenen Lern- bzw. Schreibprozeß gezielt herausgestellt.

So schätzt Elisa (4. Klasse) neben dem Aspekt des selbstbestimmten Schreibens und der Möglichkeit, Fehler selber finden zu können, für sich persönlich die sozial-kommunikative Seite dieses Verfahrens als besonders wichtig ein: *„Ich finde die Art eine sehr tolle Art, weil ich Geschichten nur selber erfinden kann und nicht andere Geschichten weiterschreiben kann. Das mit der Schreibkonferenz finde ich auch gut, weil man da seine eigenen Fehler finden kann und weil ich auch gerne mit anderen Kindern zusammenarbeite."*

Auch Anja (3. Klasse) genießt diesen Aspekt auf ihre Weise besonders, weil sie durch Schreibkonferenzen das Gefühl erhält, sich anderen Kindern besser verständlich machen zu können: *„... Am liebsten schreibe ich erlebte Geschichten, weil ich anderen mitteilen kann, was ich schön fand. Gut finde ich, daß Kinder die Geschichte mit mir bearbeiten, weil sie meine Gedanken besser verstehen können."*

Neben der positiven Würdigung dieses Verfahrens benennen die Kinder in realistischer Einschätzung auch ganz deutlich die hohen intellektuellen Anforderungen sowie die Notwendigkeit zu Konzentration und Ausdauer, die diese Art zu schreiben an sie stellt. Diesen Ansprüchen stellen sie sich aber offensichtlich bereitwillig – wegen der begehrten Möglichkeit der Veröffentlichung ihrer Texte in der Dichterlesung bzw. Textausstellung. Conny (3. Klasse) zum Beispiel schätzt die Arbeit in Schreibkonferenzen sehr, stellt aber gleichzeitig lapidar fest: *„Die Schreibkonferenz ist anstrengend."*

Martin „philosophiert" zu Beginn der 5. Klasse über das Schreiben im allgemeinen und thematisiert dann die zeitliche Dimension, nämlich daß *„... Schreiben sehr lange dauert. Also, das Schreiben, das Überlegen, alles dauert lange."* Trotz seiner Erklärung darüber, daß er gerne wieder mit Schreibkonferenzen arbeiten würde, fährt er dann so fort: *„Das Überarbeiten fand ich am langweiligsten, weil das so lange dauert und dann mag ich schnell lieber weiterschreiben. Aber am schönsten ist dann das Vorlesen!"*

Swantje aus der dritten Klasse hat mit dem Überarbeiten in Schreibkonferenzen keine Probleme, aber das fehlerfreie Abschreiben für die Veröffentlichung findet sie ausgesprochen mühsam: *„... Wenn die Geschichte verbessert ist, kommt die schrecklichste Sache der Welt – das Abschreiben. Dabei möchte man doch so gerne veröffentlichen."*

Darüber hinaus können bereits Grundschulkinder sehr sicher zwischen „guten" und „schlechten" Schreibkonferenzen unterscheiden. Letztere machen sie unzufrieden. Die Kinder erleben sie als vertane Lernchance, weil die mangelnde Konzentration der Mitarbeiter das jeweilige Autorenkind benachteiligt.

Conny (3. Klasse) bewertet unkonzentrierte Mitarbeit sehr negativ: *„Das finde ich unfair den anderen gegenüber."*

Und Claudia (3. Klasse) bemängelt in diesem Zusammenhang: *„Ich finde es nicht schön, wenn manche Schreibkonferenzen nicht gut arbeiten, weil die Geschichten sich dann doof anhören."*

Die in Interviews bzw. in schriftlichen Befragungen geäußerten Ansichten der Kinder lassen klar erkennen: Die Kinder selbst erleben und bewerten das Arbeiten mit Schreibkonferenzen als ausgesprochen hilfreich und lernfördernd.

Wozu sollen Schreibkonferenzen gut sein?

„Ja, wozu sollen Schreibkonferenzen eigentlich gut sein? Bisher haben wir Lehrerinnen die Aufsatzthemen festgelegt und vorbereitet, haben die Kindertexte nachgesehen und die nötigen Korrekturhinweise gegeben. Das war doch jahrzehntelang ein bewährtes Verfahren. Wozu also das Ganze?"

Solche und ähnliche Argumentationen begegneten mir in Seminaren über „Freies Schreiben und Schreibkonferenzen" anfänglich sehr häufig. Doch ob dieses tatsächlich traditionsreiche Verfahren, Aufsätze auf Anordnung hin, zu einer und in einer bestimmten Zeit zu einem festgelegten (vorbereiteten) Thema schreiben zu lassen, um diese Texte anschließend zu korrigieren, ob dieses Vorgehen ein „bewährtes Verfahren" darstellt, das muß – und nicht erst seit heute – ernsthaft bezweifelt werden.

Bereits 1867 übte Rudolf Hildebrand in seinem klassisch gewordenen Buch „Vom deutschen Sprachunterricht in der Schule und von deutscher Erziehung und Bildung überhaupt" grundsätzliche Kritik an dieser Art des Aufsatzunterrichts und setzte ein Alternativkonzept dagegen, das bereits wesentliche Elemente des entwicklungspsychologisch fundierten Ansatzes des „Freien Schreibens", wie es heute gefordert wird, enthielt.

Blieb Hildebrands Konzept die breite Akzeptanz auch zunächst verwehrt, so spitzte sich doch während der Zeit der reformpädagogischen Bewegung die Kritik am traditionellen Aufsatzunterricht in seinem Sinne erneut zu und gipfelte 1910 u. a. in der vehementen Ablehnung der üblichen Praxis durch Adolf Jensen und Wilhelm Lamzus in ihrer Schrift unter dem äußerst provozierenden Titel: „Unser Aufsatz – ein verkappter Schundliterat" (JENSEN/LAMZUS 1910).

Im Gegenzug wurden jetzt Unterrichtsmodelle entworfen, in denen der enge Bezug zum Kinde sowie die produktive „Gedankenarbeit" (Gansberg) des

Kindes beim Schreiben im Vordergrund standen. Mit der Einführung des „Freien Aufsatzes" durch Gansberg wurde „Aufsatzreform" zur „Unterrichtsreform" erklärt (Gansberg 1914).

In den folgenden Jahrzehnten jedoch dominierten bis in unsere Zeit hinein (nicht zuletzt mitbedingt durch die in ihrer Wirkung lang anhaltenden rigiden Erziehungsauffassungen aus der nationalsozialistischen Zeit) erneut Vertreter traditioneller Ansätze (Schneider, Seidemann, Rahn, Ulshöfer, Helmers...) sowohl die Didaktik als auch die Praxis des Aufsatzunterrichtes in unseren Schulen (vgl. Merkelbach 1982, S. 38–60).

Das Ergebnis jahrelanger schulischer Bemühungen im Rahmen eines solchen traditionellen Aufsatzunterrichts war am Ende der Grund- bzw. Schulzeit allerdings ausgesprochen selten der erhoffte „motivierte, kompetente Gerneschreiber". Im Gegenteil, auch heute noch produzieren wir mit dieser Art von Aufsatzerziehung nur allzu viele „verdrossene Schreibvermeider", die sich im späteren Leben nur mit Gefühlen heftiger Abwehr an das Schreiben von Aufsätzen erinnern und an die damit verbundene Erfahrung von erzwungener Anpassung.

Als Folge dieser schulischen Negativerlebnisse räumen viel zu viele Menschen in ihrem eigenen Leben dem Schreiben (sowie dem Lesen) als einer Möglichkeit der Lebensgestaltung und -erweiterung gar keinen oder nur einen äußerst geringen Stellenwert ein.

Im Juni 1990 veröffentlichte die Berliner Zeitung „Der Tagesspiegel" die Ergebnisse einer Befragung des Soziologen Eckhard Smialek. Er hatte in den 6. Klassen der Grundschulen des Bezirkes Schöneberg 740 Grundschüler zu ihren Schreib- und Lesegewohnheiten befragt. Danach mußten bereits am Ende der Grundschulzeit (die in Berlin sechs Schuljahre umfaßt) 21 Prozent der Schöneberger Kinder den sogenannten „sekundären Analphabeten" zugerechnet werden: „In Schöneberg sind 29 Prozent der Jungen und 15 Prozent der Mädchen im Alter von 12 bis 13 Jahren sekundäre Analphabeten. Sie können zwar lesen und schreiben, tun dies aber nicht außerhalb der Schule." (Der Tagesspiegel, Berliner Teil, vom 14. 6. 1990, S. 16)

Mit anderen Worten bedeutet dies, daß es der Grundschule mit ihren traditionellen Formen der Aufsatzerziehung nur sehr begrenzt gelingt, stabile, für das eigene Leben bedeutsame Lese- und Schreibgewohnheiten aufzubauen.

Noch deutlicher wird dieses Versagen der Schule, wenn ich zu Beginn meiner Seminare über Schreibkonferenzen die Teilnehmer und Teilnehmerinnen spontan Erinnerungen an das Schreiben von Aufsätzen während ihrer eigenen Schulzeit aufschreiben lasse. Nach kurzem Vorlesen der Notizen häufen sich die negativen Erinnerungen in einem erschreckenden Ausmaß. Für Monika S.,

Lehrerin in einer dritten Klasse, sind diese Erinnerungen am stärksten mit Angst und Streß verbunden:

„Sitze ich vor einem weißen Blatt Papier, dann kommen sehr schnell wieder die Gefühle zutage, die ich als Schülerin hatte, wenn ich einen Aufsatz schreiben mußte: STRESS ... ANGST.

Angst hatte ich vor dem Urteil des Lehrers, der meine zu Papier gebrachten Ideen nicht gut finden könnte.

Schwierigkeiten hatte ich damit, den Gedankenwust in meinem Kopf in eine richtige Form zu bringen.

Angst machten mir auch schon meine Mitschüler, von denen ich den Eindruck hatte, daß sie emsig tolle Ideen aufs Papier brachten. Allgegenwärtig war die Angst davor, nicht fertig zu sein, wenn die Stimme des Lehrers erscholl: ‚Noch xxx Minuten!'"

Karin W., die ebenfalls eine dritte Klasse unterrichtet, empfand den Zwang zur Anpassung als besonders schlimm:

„Wenn ich mich an meine Schulzeit erinnere, weiß ich noch genau, wie schwer es mir fiel, einen Aufsatz zu schreiben.

Das Thema des Aufsatzes war vorher in etwa bekannt. Mühsam versuchte ich eine Gliederung, an die ich mich später nie hielt und die ich nach Fertigstellung neu, passend zum Aufsatz anfertigte. Während des Schreibens hatte ich nur einen Gedanken: Was könnte der Lehrerin gefallen? Welche Gedanken, Formulierungen entsprechen ihrem Geschmack?

Ich hatte nämlich im Laufe der Schulzeit bemerkt, daß die Zensur vom jeweiligen Lehrer abhängig war. Durch die geschilderten Überlegungen kam dann manchmal ein ‚gut', öfter aber ein ‚mangelhaft' heraus."

Und Rainer P., Lehrer eines vierten Schuljahres, fällt sofort siedendheiß eine solche „Anpassungsepisode" ein:

„Vom Aufsatzunterricht ist mir nur eine Episode im Gedächtnis haften geblieben:

Wir sollten einen Aufsatz über das Thema Auswandern schreiben. Ich wußte, daß der Lehrer gegen das Auswandern war. Ich wäre aber gerne ausgewandert und träumte oft von fernen Ländern und Menschen. Dennoch schrieb ich meinen Aufsatz so, daß ich die Meinung des Lehrers traf. Am Ende meines Aufsatzes stand dann das Zitat: ‚Bleibe im Lande und nähre dich redlich'.

Leider weiß ich nicht einmal mehr, wie der Aufsatz bewertet wurde."

Auch wenn keine konkreten Erlebnisse mehr erinnert werden, so dominieren doch negative Gefühle bei der Mehrzahl der Teilnehmer/innen die Erinnerungen an das Aufsatzschreiben in der Schule:

„Ich schreibe privat kaum und habe die eigene Aufsatzerziehung in ganz schlechter Erinnerung." (Hauke N., Lehrerin einer dritten Klasse)

„Geschrieben habe ich ungern und schlecht." (Hermann K., Lehrer eines dritten Schuljahres)

„Ich schrieb Aufsätze nicht gern und nicht gut." (Dagmar B., Lehrerin in einer dritten Klasse)

Interessanterweise stammen die wenigen positiven Erinnerungen zum Aufsatzschreiben in der Schule ausschließlich von weiblichen Seminarteilnehmern. So z. B. Gisela J.:

„Trotz des traditionellen Unterrichts habe ich gerne sowohl vorgegebene Aufsatzthemen verarbeitet als auch (in der Freizeit) eigene Texte verfaßt."

Ob hier die bei Frauen rollenspezifisch stärker ausgeprägte Bereitschaft zur Anpassung zu Buche schlägt, scheint mir eine Überlegung wert zu sein. Ähnliche Beobachtungen lassen sich jedenfalls bei der Rechtschreibentwicklung feststellen (u. a. ANDRESEN 1979).

Vergleicht man einmal die munteren Kinderäußerungen über das Schreiben in der Schule im vorigen Kapitel mit den unangenehmen Erinnerungen der Erwachsenen an das Aufsatzschreiben, so muß – aus dieser Perspektive gesehen – an dem freien Schreiben und dem Arbeiten mit Schreibkonferenzen doch „etwas dran" sein.

Natürlich läßt sich dieses „Etwas" auch sachlogisch begründen. Dieses „Etwas" wird Thema der folgenden Kapitel sein.

Schreibkonferenzen entsprechen in besonderer Weise der Dynamik von Schreibprozessen

Das „Schreibenlassen von Aufsätzen" hat im deutschen Sprachraum eine lange theorielose Tradition. Forschungsergebnisse dagegen, die die motivationalen, kognitiven und psycho-linguistischen Bedingungen von Schreibprozessen herausarbeiten, beginnen in Deutschland erst Fuß zu fassen.

Schon lange bevor es allgemeinbildende Schulen in Deutschland gab, wurden in den Schreibschulen des späten Mittelalters (im 19. Jahrhundert dann auch an den Volksschulen) sogenannte „Mustertexte aufgesetzt" (daher „Aufsatz") und (ab-)geschrieben. Die Inhalte waren zunächst auf christlich-moralische Lebensweisheiten, später auf bürgerlich-patriotische Gesinnung sowie auf elementares

Sachwissen hin ausgerichtet. (BEINLICH 1969, S. 401 ff.; MERKELBACH 1982, S. 9 ff.; SANNER 1986, S. 219 ff.)

Entstanden in einer historischen Situation, in der dem kindlichen Geist die Fähigkeit zum eigenständigen Denken apodiktisch abgesprochen wurde, hat sich diese eher politisch als sprachtheoretisch begründete Auffassung in ihrem methodischen Arrangement bis in die gegenwärtige Schulpraxis hinein erhalten (MERKELBACH 1974, S. 28 ff.).

Heute setzt man in unseren Grundschulen zwar keine Mustertexte mehr auf; statt dessen werden mit Vorliebe „vorgegebene Bildergeschichten" gemeinsam mit der Klasse zu „Modelltexten ausformuliert", die dann – in leichter Variation – als „Nachschrift" in Klassenarbeiten abgefordert werden. (Die hohen Auflagen der Kopiervorlagen für Bildergeschichten sprechen da eine deutliche Sprache.) Inhalt und Vermittlungsmedium haben sich scheinbar kindgemäß verändert, die methodische Grundstruktur jedoch blieb offenkundig dieselbe.

Eine grundlegende theoriegeleitete Neukonzeption des Verfassens von Texten und seiner unterrichtlichen Vermittlung, basierend auf Erkenntnissen aus Untersuchungen zur Schreibprozeßforschung, ist ebenso spärlich in neueren Veröffentlichungen zur „Didaktik des Aufsatzunterrichtes" zu finden wie in der Unterrichtswirklichkeit des gewöhnlichen Schulalltags. (Im November 1990 erschien z. B. das 500 Seiten umfassende neue „Handbuch für Lehrende und Studierende" von Oswald BECK und Nikolaus HOFEN unter dem Titel „Aufsatzunterricht Grundschule", das in keinem Kapitel, auf keiner Seite neuere Forschungsergebnisse aus der Schreibprozeßforschung erwähnt, geschweige denn diese zur Veränderung von traditionellen Unterrichtsarrangements auswertet.)

Dabei liegen zu dieser Thematik zahlreiche anregende Forschungsberichte vor, inzwischen einige auch in deutscher Sprache. Sie weisen in ihren Ergebnissen allesamt in Richtung des Arbeitens mit Schreibkonferenzen bzw. ähnlichen Arrangements und betonen besonders die Bedeutung des „freien Schreibens" im Grundschulalter für den grundlegenden Erwerb der Fähigkeit, Texte zu verfassen. (Gute deutschsprachige Zusammenfassungen vorliegender Forschungsergebnisse liefern z. B. EIGLER 1985, S. 301 ff. und MOLITOR 1984.)

Wertet man die umfänglichen Untersuchungen zu spezifischen Charakteristika von Schreibprozessen aus, so kristallisiert sich bei aller Differenzierung in den Feinheiten klar ein gemeinsames Grundmodell des Schreibprozesses heraus. (Ich beziehe mich dabei vor allem auf neuere Untersuchungen aus dem angelsächsischen Raum von BEREITER, CALKINS, CAZDEN, BRANSCOMBE, FREEDMAN, FLOWER, GREGG, HAYES, HEATH, HILLOCKS, MARTLEW, MATSHUASHI, MURRAY, NICHOLIS, ODELL, SCARDAMALIA, STEINBERG, STEVENS und WITTE sowie auf die wenigen dazu vorliegenden deutschsprachigen Veröffentlichungen von BAURMANN, EIGLER, MANDL, MOLITOR, HÖRMANN und LIST.)

Nach diesen Erkenntnissen muß der Schreibprozeß modellhaft als eine Art von komplexem Problemlösungsverhalten betrachtet werden, das gekennzeichnet ist durch

- Prozesse der Zielplanung,
- Prozesse des Bereitstellens und Strukturierens von Wissen,
- Prozesse des Umwandelns kognitiver Einheiten in sprachliche Sequenzen,
- Prozesse des Übersetzens von Formulierungen in Schrift- und Textfolgen

bei ständig bzw. gleichzeitig ablaufendem Rückgriff auf

- Prozesse des Bewertens und Überprüfens durch rein mentale Vergleichsaktivitäten bzw. durch reale Leseaktivitäten

sowie durch gegebenenfalls sich daraus ergebende

- Prozesse des Überarbeitens.

Die für Problemlösungsprozesse typische Zielbezogenheit und Rückbezüglichkeit der Aktivitäten bewirkt, daß die einzelnen Unterprozesse (des Entwerfens, des Formulierens, des Erprobens, des Überdenkens, ...) stets aufeinander bezogen, gleichzeitig und nacheinander ablaufen können. In ständiger Orientierung auf das Ziel hin – durch Rückkopplungsvorgänge – werden sie so lange korrigiert, bis das Ergebnis in Absicht, Inhalt, Form und Adressatenbezug den eigenen Zielvorstellungen entspricht.

Diese auf jeder Ebene und zu jeder Zeit stattfindenden Rückkopplungen auf das Ziel hin, die als Auslöser für die folgenden Überarbeitungssequenzen wirken, diese Rekursivität also wird in allen Untersuchungsergebnissen als eine den Schreibprozeß in besonderer Weise charakterisierende Qualität bezeichnet.

Unter besonderer Würdigung dieser für Schreibprozesse allgemein konstitutiven Qualität formuliert Murray in nur drei Worten eine prägnante Kurzfassung des Schreibaktes:

„Writing is rewriting"
„Schreiben heißt Überarbeiten" (Murray 1968, S. 11).

Und genau um diesen zentralen Aspekt des Verfassens von Texten, um das Überarbeiten erster gedanklich-sprachlicher Entwürfe, betrügen wir die Kinder in unseren Grundschulen, wenn wir – wie im traditionellen Aufsatzunterricht üblich – ihre eben fertiggestellten Texte nach der „Aufsatzstunde" einsammeln und sie ihnen Tage später, versehen mit wohlmeinenden, aber für die Kinder selbst häufig unverständlichen Korrekturhinweisen, die fast ausschließlich am Zensurenaspekt orientiert sind, zur Berichtigung zurückgeben (Menzel 1979, S. 31 ff.).

Mit der in unseren Grundschulen weitgehend fehlenden Herausforderung bzw. Möglichkeit zur Überarbeitung eines ersten eigenen Textentwurfes (im Sinne eines individuellen rekursiven Problemlösungsprozesses) berauben wir den Schreibprozeß seiner konstitutiven Qualität. Schreiben wird als Prozeß reduziert auf „angeleitetes Nachschreiben plus Verbesserung für Zensuren". Den Kindern enthalten wir damit grundlegende Lernchancen vor. Mit schulischer Hilfe erwerben sie eine untaugliche Vorstellung von Schreiben.

Mit Hilfe von Schreibkonferenzen können wir statt dessen Kindern eine Lernumgebung schaffen, in der sie von anderen Kindern Anregungen, Ermutigungen und „Tips" für die Überarbeitung ihrer – gerade bei freien Themen – meist emotional sehr hoch besetzten Texte erhalten. Das Überarbeiten eigener Texte erhält so im Rahmen des Ablaufes von Schreibprozessen in der Schule einen neuen angemessenen Stellenwert – angefangen mit der eigenen Schreibidee, über den Entwurf sowie die Besprechung des Entwurfes in der Schreibkonferenz mit der anschließenden individuellen (oder auch gemeinsamen) Überarbeitung des Textes bis hin zur Veröffentlichung.

Und erstaunlicherweise, nein besser: bezeichnenderweise werden innerhalb von Schreibkonferenzen die Anregungen von Mitschülern und Mitschülerinnen viel leichter, unbelasteter angenommen (oder aber begründet abgelehnt) als die von der Lehrerin im nachhinein gegebenen Korrekturhinweise. Ein gedanklich-sprachlicher Überarbeitungsprozeß wird durch das Gespräch mit den anderen Kindern in der Schreibkonferenz tatsächlich in Gang gesetzt, auch wenn viele Kinder „lieber schnell weiterschreiben" würden.

Schreibkonferenzen bieten somit Grundschulkindern eine Chance, text-, adressaten- und absichtsgemäße Schreibstrategien zu entwickeln, statt Schreiben auf die Erfüllung von Lehrererwartungen zu begrenzen.

Christian verändert seine Schreibstrategie oder Schreibkonferenzen als Lernarrangement zur Verinnerlichung von Überarbeitungsstrategien

Wenn Kinder im ersten/zweiten Schuljahr damit beginnen, selbständig eigene Texte zu verfassen, so sind sie im allgemeinen ausgesprochen stolz und sehr zufrieden mit dem, was sie zu Papier bzw. daß sie etwas zu Papier gebracht haben. Meistens zeigen sie ihre Schreibergebnisse freudestrahlend der gesamten Umgebung. In der Klasse werden solche ersten Versuche, eigene Gedanken zu

Papier zu bringen, (hoffentlich) gebührend gewürdigt. Ein Bedürfnis, sich weiter mit dem eigenen Text auseinanderzusetzen, ihn gar um- oder neu zu schreiben, konnten wir in diesen frühen Schreibphasen nur selten beobachten.

Das ist sehr verständlich, wenn man bedenkt, wieviel intellektuelle, sprachliche und psycho-motorische Kraft bereits der eigentliche Schreibakt Lernanfängern abverlangt. In der frühen Experimentierphase sind Kinder nach dem Niederschreiben eines eigenen Textes geradezu „geschafft" – zufrieden, aber geschafft (vgl. Spitta 1988b).

Darüber hinaus besitzen Schulanfänger selten eine genauere Vorstellung davon, wie Erwachsene schreiben. In der Regel fehlt ihnen speziell die Erfahrung, daß auch kompetente erwachsene Schreiber wichtige Texte nicht nur einmal, sondern mit Veränderungen teilweise mehrmals schreiben – also überarbeiten (z. B. wichtige Briefe, Protokolle, Berichte, Manuskripte...), daß also das Überarbeiten zum Schreiben dazugehört.

Woher sollten Schreibanfänger das auch wissen?

Wenn sie Gelegenheit haben, Erwachsene beim Schreiben zu beobachten, so sind das meistens „schnelle Alltagssituationen", Schreibsituationen also, in denen für ein gedankliches Überarbeiten oder gar ein sorgfältiges Herstellen einer Endfassung weder Zeit noch Notwendigkeiten vorhanden sind (wie z. B. bei Einkaufszetteln, Telefonnotizen, Urlaubskarten u. ä. m.). In der Vorstellung von Kindern schreiben Erwachsene immer gleich so, „daß alles richtig ist".

Bei Einführungsgesprächen in die Arbeit mit Schreibkonferenzen, bei denen wir regelmäßig eine von Streichungen und Ergänzungen nur so strotzende Manuskriptseite von Peter Härtling verteilen, reagieren die Kinder zunächst entsprechend ungläubig und erstaunt, wenn das Gespräch darauf kommt, daß Erwachsene, besonders Schriftsteller, ihre Texte nicht gleich in vollendeter Perfektion herstellen, sondern daß die endgültige Textfassung häufig erst nach mehrmaligem Überarbeiten, Neuschreiben usw. entsteht. Im Laufe solcher Gespräche mündet die erste Ungläubigkeit der Kinder meistens in eine große Erleichterung darüber, daß auch Erwachsene „das gar nicht können, Bücher gleich richtig (zu) schreiben". Das Überarbeiten von Entwürfen wird von den Kindern dann akzeptiert als wichtiger Schritt auf dem Weg, so schreiben zu lernen wie Erwachsene oder gar wie richtige Schriftsteller.

Auf der anderen Seite verfügen aber bereits Schulanfänger über ein sehr feines Gespür dafür, daß es zwischen mündlicher und schriftlicher Sprache grundsätzliche Unterschiede gibt. Auch wenn sie diese nicht benennen können (welcher Erwachsene kann das schon?), so wenden sie doch dieses erste Wissen bereits intuitiv an.

In vielen ersten Klassen bzw. in Vorklassen konnten wir beobachten, daß Schulanfänger bzw. Vorschulkinder, die ihre eben verfaßten „Kritzelbriefe" einem Zuhörerkreis vorlesen durften, beim „Vorlesen" ganz selbstverständlich von ihrer „Erzählsprache" abwichen und sowohl intonatorische als auch syntaktische Strukturen wählten, die für schriftliche Texte charakteristisch sind.

Ebenso verwendeten Erstkläßler, die der Lehrerin ein Erlebnis für das „Klassentagebuch" oder für ein „Ich-Buch" diktierten, abweichend von der eben im Morgenkreis benutzten Erzählsprache beim Diktiervorgang selbst, der Schriftsprache angenäherte Satzkonstruktionen (vgl. Spitta 1988 b, S. 27 ff.).

So berichtet auch Utz Maas von der Beobachtung derartiger spontaner „Sprachwechsel" bei Drittkläßlern, die ihre vorher auf Kassette gesprochenen Erzählungen aufschrieben, während sie den eigenen Text abhörten. In Abweichung vom tatsächlich auf der Kassette dokumentierten Erzähltext ersetzten die Kinder – unaufgefordert – bestimmte typische sprechsprachliche Konstruktionen durch schriftsprachliche Formulierungen (Maas 1989, S. 31 ff.).

Grundschulkinder – das zeigen solche Beobachtungen – verfügen offensichtlich bereits im ersten Schulalter über ein intuitives Wissen über die qualitative Unterschiedlichkeit von Sprechsprache und Schriftsprache. Dieses Vorwissen bezieht sich sowohl auf die besonders von Wygotski betonte maximale Entfaltetheit der Formulierungen bei gleichzeitig minimaler Kontextabhängigkeit der Schriftsprache, auf die Willkürlichkeit des Formulierens und den monologischen Charakter schriftsprachlicher Prozesse als auch auf die charakteristischen syntaktischen Konstruktionen, also eher reihend strukturierte Textkonstruktionen bei der Sprechsprache (Parataxe = sequentielle Textorganisation) im Gegensatz zur dominanten Verwendung von Einbettungen und Schachtelungen (Hypotaxe) bei schriftsprachlichen Texten.

Dabei können wir – nach allen vorliegenden Untersuchungen – davon ausgehen, daß Kinder Strategien zum Herstellen schriftlicher Texte auf eben die Art und Weise erwerben, mit der sie sich die mündliche Sprache aneigneten: Beim Sprechenlernen bilden Kinder aus den Modellen der Erwachsenenäußerungen Hypothesen darüber, wie Sprache funktioniert, wie man seine Absichten in Sprache mitteilen kann. Mit ihren selbständig konstruierten (ersten) Äußerungen testen und erproben die Kinder die Tauglichkeit ihrer Sprachhypothesen. Die Reaktionen der Menschen ihrer Umgebung auf ihre sprachlichen Äußerungen bzw. der Erfolg oder der Mißerfolg ihrer Aktionen wirken als Orientierungsrahmen zur Bestätigung oder aber Veränderung, also für eine »Überarbeitung« im Sinne einer Erweiterung, Differenzierung oder aber gar Tilgung von Hypothesen zur Sprachproduktion (vgl. Szagun 1983).

Ebenso wie Kinder zum Sprechenlernen auf Reaktionen anderer Menschen zu ihren Äußerungen angewiesen sind (bzw. auf Sprecher-Hörer-Interaktionen), so brauchen schreibenlernende Kinder Reaktionen auf ihre Texte. Sie benötigen Rückkopplungen darüber, ob und wie andere Menschen ihre Texte verstehen und empfinden. Erst aus dieser Schreiber-Hörer(Leser)-Interaktion können sie Rückschlüsse ziehen über die Erfolgsträchtigkeit ihrer Schreibstrategien, also ihre Hypothesen über das Schreiben von Texten überprüfen und gegebenenfalls „überarbeiten".

Grundsätzlich steht daher jede Art von schulischer Unterweisung im Bereich des Verfassens von Texten – also jede Art von „Aufsatzunterricht" – vor der Aufgabe, besondere Lernszenarien zu organisieren: Dabei sollen die Kinder durch authentische individuelle Reaktionen auf ihre Texte Impulse dazu erhalten, ihr intuitives Vorwissen über das Schreiben von Texten bewußt wahrzunehmen und die damit verbundenen Schreibstrategien auf ihre Wirkung hin zu überprüfen, gegebenenfalls durch Erweitern, Verändern, Umstrukturieren zu überarbeiten, um sie dann als bewußt verinnerlichte, qualitativ neue Schreibstrategien bei späteren Schreibversuchen erprobend anzuwenden.

Und gerade hierfür – für die durch authentische Rückkopplung bewußt gemachte Erfahrung, eigenaktive Überarbeitung, Erprobung und bei Erfolg erneute Verinnerlichung individueller Schreibstrategien – für diesen komplexen Prozeß bietet das Arbeiten mit Schreibkonferenzen hervorragende Möglichkeiten. Schreibkonferenzen stellen nämlich eine Art „gemeinsames öffentliches Nachdenken über Texte" dar, ein „lautes Denken", das den an diesem Prozeß beteiligten Kindern die Chance eröffnet, durch Verständigung über ihre Texte (Metakommunikation) sich gegenseitig ihrer Schreibstrategien bewußt zu werden sowie im Gespräch ganz individuell ausgerichtete Hinweise zur Überprüfung bzw. Veränderung eigener Schreibstrategien zu erhalten.

Die Entstehung von Texten können Kinder ja im Alltag nirgendwo konkret, modellhaft miterleben, da dieser Prozeß – abstrakt im Kopf – also nicht sichtbar erfolgt. Schreibkonferenzen machen Kindern diesen Prozeß transparent, in Worte faßbar und dadurch modellierbar.

Durch die Nachfragen und Anmerkungen, durch das positive oder eher zurückhaltende (oder gar konkret negative) Echo von „Mitarbeiterkindern" auf den Textentwurf eines „Autorenkindes" entsteht im Gespräch ein Nachdenken über die eigene Art zu schreiben bzw. über die dabei eingesetzten Mittel.

Dabei wirken die in Schreibkonferenzen geführten Gespräche so, daß die Autorenkinder eine Möglichkeit erhalten, aus ihrer zunächst sehr innigen Verbundenheit mit ihren Texten herauszutreten, sie „loszulassen" und Distanz zu gewinnen.

Bereits das in Schreibkonferenzen grundsätzlich als „Einstiegsritual" praktizierte laute Vorlesen des Textentwurfs stellt Abstand und damit eine neue Sicht auf den Text her. Manche Autorenkinder lassen in der Schreibkonferenz sogar bewußt andere Kinder ihren eigenen Text vorlesen, um als Hörer die Wirkung des Geschriebenen besser überprüfen zu können.

Bei ihren anschließenden Kommentaren, Fragen und Anregungen gehen die Kinder ausgesprochen ernsthaft und interessiert auf Text und Schreibstrategie des jeweiligen Autorenkindes ein und erhalten dabei selbst eine Art Spiegel zu ihrer eigenen Art zu schreiben.

Nicht ohne Grund thematisiert zum Beispiel Florian gegen Ende des vierten Schuljahres in seinem Kommentar zur Arbeit mit Schreibkonferenzen gerade diesen Aspekt: *„Ich finde es toll, daß wir Schreibkonferenzen machen, weil man da weiß von Schulfreunden, wie die meine Geschichte finden. Man weiß dann auch, wie andere Geschichten heißen und wie die anderen sie schreiben."*

Das gemeinsame „Nach-Außen-Bringen", also das Öffentlich- und Bewußtmachen von individuellen Schreibstrategien leitet in einer Art gegenläufiger Bewegung dazu – über Spiegelungen, Erprobungen und Rückkopplungen – einen individuellen Prozeß ein zur Verinnerlichung der überarbeiteten Schreibstrategien. Ein solcher Umstrukturierungs- und Verinnerlichungsprozeß darf nun nicht als ein einmaliger Akt gesehen werden, sondern als ein allmähliches „Sicherer- und Unabhängiger-Werden" bei der Realisation der jeweils individuell neuen Aspekte, die die Kinder bei ihren Schreibvorhaben versuchen zu berücksichtigen.

Ein solcher Prozeß kann dann als „erfolgreich abgelaufen" betrachtet werden, wenn Kinder nicht mehr im nachhinein – durch Auseinandersetzung mit Mitarbeitern in der Schreibkonferenz – bestimmte Aspekte ihres Textes überarbeiten, sondern wenn diese Ansprüche an den Text bereits so fest in ihrem neuen Planungsverhalten verankert sind, daß schon beim Textentwurf – also während der gedanklichen Konzeptionsphase – darauf geachtet bzw. entsprechend gedanklich überarbeitet wird.

Ulla Reuter-Manß, Lehrerin einer vierten Klasse, hat am Beispiel von Christians Schreibentwicklung über ein Schuljahr hin einen solchen Verinnerlichungsvorgang dokumentiert:

Christians Satzanfänge

Zu Beginn der dritten Klasse hatte Christian mit seinen Texten große Schwierigkeiten. Eigentlich zeichneten sich seine Geschichten durch geschickte Wortwahl und besonders treffende Verben aus. Diese Wirkung wurde jedoch durch seine langweiligen Satzanfänge (viele Wiederholungen, „und dann", „und da") sowie eine vorwiegend reihende Textstruktur aufgehoben.

Zu dieser Zeit wurden die Geschichten noch nicht in Schreibkonferenzen überarbeitet, aber auch beim bereits üblichen Vorlesen vor der Klasse wiesen ihn seine Mitschüler durch strenges Mitzählen genau auf diese Schwäche hin („Du hast neunmal ‚und da' gebraucht!"). Im Eifer des Schreibens war Christian dies gar nicht aufgefallen.

Er reagierte recht betroffen auf diese Kritik.

Vorübergehend ließ seine Schreiblust deutlich nach. Er ging an neue Geschichten nur mit großem Zögern heran und bemühte sich krampfhaft, diese „Denkwortwiederholungen" (so nannten wir diese Floskeln, weil sie Denkpausen markieren) zu vermeiden.

Darunter litt seine gesamte Textkonstruktion:

Herr Jakob hat in seinem Garten einen Laubhaufen entdeckt. Er hat ihn zusammengefegt und wollte ihn anzünden. Er hat gerade ein Streichholz angezündet. Ein Igel schoß aus dem Laubhaufen und pustete sein Streichholz aus. Er war erstaunt.

Die Einführung von Schreibkonferenzen war für Christian ein Weg zur Lösung seiner Probleme.

Mit den anderen Kindern beriet er vor allem die Satzanfänge: „Das klingt so langweilig. Wie kann ich das anders sagen? . . ."

Dabei suchte er sich für seine Konferenzgruppe immer auch Mitschüler aus, von denen er sich für seine Fragen gute Antworten erhoffte. Bestehende Freundschaften spielten dabei keine Rolle.

Im Anschluß an einige Schreibkonferenzen entwickelte Christian folgende Idee: Nach Beendigung einer Geschichte schrieb er sich von nun an regelmäßig die Satzanfänge untereinander auf und überprüfte sie nicht nur auf Wiederholungen, sondern auch – wie er es nannte – auf „Lebendigkeit".

In der Klasse berichtete er über sein neues Verfahren; von den anderen Kindern wurde es aber nicht übernommen, auch wenn es bei einigen wünschenswert gewesen wäre.

Ausgelöst durch Christians Vorgehensweise, erstellte die Klasse gemeinsam ein Plakat mit treffenden Wörtern für Satzanfänge. Seinen Platz fand es an der Lesewand. Diese Wortsammlung wurde und wird von den Kindern immer weiter ergänzt. Christian sammelte die meisten Beispiele und findet auch heute noch neue Wendungen, während die anderen Schüler diese Sammlung zwar benutzen, sich aber eher mit den bereits beschriebenen Beispielen zufriedengeben.

Als ein weiteres Ergebnis aus den Besprechungen in den Schreibkonferenzen versuchte Christian sein Schreibproblem durch die häufigere Verwendung von

Satzverbindungen zu lösen. Zuerst entstanden Texte mit einigen wenigen Satzverbindungen, wobei Christian zunächst auf die zeitliche Abfolge achtete:

Als ich meine Fische mal anguckte, schwamm einer auf der Seite. Ich habe mein Fischbuch geholt, wo alle Krankheiten drinstehen. Wir fanden die Krankheit nicht. Ich bin in die Tierhandlung gegangen. Der Mann sagte, das wäre eine Fischallergie. Das passiert immer, wenn sie alt sind. Vor dem Insbettgehen guckte ich ihn nochmal an. Am nächsten Tag lag er tot am Boden. Mein Vater kam an diesem Tag früher nach Hause. Er schenkte mir einen neuen Fisch. Er war so schön, wie kein anderer.

Allmählich wurde Christian in seinem Schreibverhalten wieder mutiger. In seinen Texten konnte man auch wieder Wendungen finden wie „Oh, weh!“, „Was sieht er da?“, „Ein Glück, es klappte!“.

Natürlich tauchte hin und wieder ein „und dann“ oder ein „da“ am Satzanfang auf, aber überwiegend setzte Christian zeitliche Relationen und Begründungen ein wie „schließlich, plötzlich, mittlerweile, deshalb, zum Glück“.

Während dieser Phase versuchte Christian bereits beim Entwerfen einer neuen Geschichte seine veränderte Schreibstrategie einzusetzen. Bei akuten Unsicherheiten kam er dann mitten im Formulieren – wie auch andere Schüler – zu mir, um sich zu vergewissern. Allerdings fragte er mich nie allgemein um Hilfe, in der Art „Wie kann ich das besser ausdrücken?“, sondern er hatte jedesmal schon Lösungsmöglichkeiten anzubieten: „Klingt es gut, wenn ich hier ‚plötzlich‘ nehme?“, „Kann ich hier ‚als‘ sagen?“.

Er wollte auch nicht einfach eine Bestätigung von mir für seinen Vorschlag, sondern erklärte mir genau den inhaltlichen Zusammenhang.

Allmählich wurde ich dann als „Entscheidungsinstanz“ aus seinem Schreibprozeß herausgenommen.

Heute führt Christian solche Diskussionen mit den Mitgliedern von Schreibkonferenzen und berät andere Kinder souverän bei solchen Fragen.

Seine letzte Geschichte verfaßte er (Anfang des vierten Schuljahres) völlig alleine und bezeichnete sie spontan als „fertig“.

Wie ich den Herbst empfinde
Wenn ich morgens aufstehen soll, um zur Schule zu gehen, ist es im Herbst so neblig, daß ich die Birke vor unserem Haus nicht sehen kann.

Mir macht es im Herbst Spaß, durch die Wälder zu gehen, um die bunten Blätter zu bewundern, die durch den Wind an den Bäumen tanzen.

Ich bin einmal im Herbst mit dem Fahrrad zum Mexikoplatz gefahren, und dabei wurden meine Hände so kalt, daß sie mir wie Eiszapfen erschienen.

An manchen Herbsttagen wird es bereits winterlich kalt, und deshalb mag ich den Herbst nicht.

Von mühsamer Suche nach Satzanfängen ist hier nichts mehr zu spüren. Christians gesamte Wortwahl und auch sein Satzbau lassen seine Geschichten lebendig erscheinen. Er schreibt wieder gerne und erzählt bereitwillig von seinen persönlichen Empfindungen.

Wenn die Seele der Kinder zum Ausdruck kommt oder Warum freies Schreiben so wichtig ist

Muß es denn unbedingt das „freie Schreiben“ sein? Funktionieren Schreibkonferenzen nicht auch bei „normalem Aufsatzunterricht“, also bei vorgegebenen bzw. vorbesprochenen Themen?

Fragen dieser Art werden mir in Einführungsseminaren über die Arbeit mit Schreibkonferenzen oft gestellt. Ich kann solche Überlegungen sehr gut verstehen, da hinter ihnen eine mir sehr vertraute Angst bzw. ein Unbehagen darüber steht, „soviel vom Unterricht aus der Hand zu geben“.

Um die Antwort gleich vorweg zu nehmen, zitiere ich dazu eine Aussage von Hauke Niemer, einer in Sachen Schreibkonferenzen sehr erfahrenen Kollegin: „... damit macht man die Schreibkonferenzen kaputt!“

Schreibkonferenzen stellen eben nicht nur eine verfeinerte Art dar, Berichtigungen vorzunehmen, obwohl die Arbeit an Rechtschreibproblemen, Ausdrucks-, Stil- oder Grammatikfragen sowie Überlegungen zum Textaufbau einen gewichtigen Raum einnehmen.

Schreibkonferenzen schaffen zuallererst eine Situation, in der Kinder sich über eigene Texte „begegnen“, sich mit aller Ernsthaftigkeit auf das im Text des Autorenkindes sichtbar werdende „ICH“ einlassen.

Kinder reagieren dabei auf die Texte ihrer Klassenkameraden/-innen nicht (im negativen Sinne) „pädagogisch“, sondern mit authentischem Interesse und echter Anteilnahme, wodurch eine Atmosphäre entsteht, in der über ICH- und WIR-Erkundung, durch Sich-Hineinversetzen und wieder Abstand-Gewinnen ein Stück Selbstfindung möglich wird.

Kaspar H. Spinner spricht von der Empathie fördernden Wirkung der Beschäftigung mit Literatur: „Als erzähltes Leben zeigt Literatur Welt in der Sicht subjektiver Authentizität und macht fremde Identitätsprozesse gleichsam aus der Innensicht nachvollziehbar." (SPINNER 1980a, S. 26)

Und eben derartige Prozesse vollziehen sich in Schreibkonferenzen bei der Auseinandersetzung mit den im freien Schreiben entstandenen „Lebensgeschichten" der Kinder.

In ihren freien Texten offenbaren sich Kinder auf eine der Schule sonst verborgen bleibende Weise und finden über das Gespräch in der Schreibkonferenz – in der Betroffenheit, dem Mitgefühl oder in den bestätigenden Kommentaren der „Mitarbeiter" – zu einem erweiterten Verständnis voneinander, zu neuem Miteinander.

Daniel, zum Beispiel, ein eher verschlossener, „cooler Typ" zeigt beim Schreiben ganz unerwartet seine „weichen Seiten". Im Text über seinen neuen Hamster, geschrieben gegen Ende des dritten Schuljahres, gibt er in einer sehr direkten, fast rührenden Art zu erkennen, wie er sich mit seiner im Vergleich zu anderen Kindern recht langsamen Art zu lernen arrangiert. Die liebevolle Beobachtung des Verhaltens seines noch jungen Hamsters läßt Daniel zu der für ihn durch die neu entdeckte Gemeinsamkeit nicht mehr so verunsichernd wirkenden Einsicht stehen: „... wie auch ich alles lernen muß".

Mein Hamster
Eines Tages kamen mein Vater und mein Bruder mit einem Hamster nach Hause. Ich habe mich sehr gefreut über ihn. Mein Hamster sieht anders aus als andere. Er ist grau und das ist selten. Ich habe mich mit ihm gleich angefreundet. Er war noch sehr klein und weich und ganz knudelig. Ich gab ihm ein Stück Mohrrübe, und er aß es auf. Ich habe mich sehr über sein Verhalten gewundert, denn ich dachte, daß er seine Hamsterbacken benutzen würde. Es kam mir vor, als wenn er es nicht müßte. Nach ein paar Tagen hatte er es gelernt. Wie auch ich alles lernen muß.

Die Klassenlehrerin, die von Daniels schriftlich mitgeteilter Selbstreflexion sehr berührt war, bestätigte mir gegenüber seine Beschreibung: „Ja, so ist es. Während anderen Kindern vieles nur so zuzufliegen scheint, muß Daniel sich die Dinge langsam erarbeiten."

In der Schreibkonferenz übrigens fand Daniels Text besonders viel Zuspruch und Anerkennung.

Josua teilt Anfang des dritten Schuljahres in einem ersten längeren Text seinen Klassenkameraden/-innen seinen sehnlichsten Wunsch mit – endlich einen Hund zu besitzen. In antizipatorischer Auseinandersetzung mit der diesen Wunsch stark ablehnenden Haltung vor allem seines Vaters, entwickelt er im Rahmen einer auch gestalterisch sehr kreativ konzipierten, märchenhaften „Phantasie-Wunsch-Geschichte“ eine Kompromißlösung, mit der er gut leben könnte, nämlich, wenigstens einen „Besuchshund“ zu haben.

Josua und der kleine Hund

Es war einmal ein kleiner Junge, der hieß Josua. Er wollte immer einen Hund haben. Da sagte der Vater: "Aber im  darf man keinen Hund haben." Dann sagte die Mutter: "Du mußt zur  ." Am nächsten Tag ging die Mutter mit Josua auf den  . Da saß im Gebüsch ein kleiner Hund und weinte. Da sagte Josua: "Darf ich ihn mitnehmen?" und nahm ihn mit. Zu Hause gab Josua ihm was zum Essen und was zu trinken. Dann kam der Vater. Da tat Josua schnell den  unter das  und spielte mit Papa. Nach einiger Zeit machte es "WUFF". Da fragte der Vater: "Was ist das?" Da sagte Josua: "Ach, nichts." Aber das war ja eine Lüge. Da machte es wieder "WUFF". Da schaute der Vater unter das  und da saß der kleine  . Da sagte Josua: "Ach, darf ich ihn behalten?" Da sagte der Vater:"Aber morgen mußt du ihn zurückbringen." Am nächsten Tag ging die Mutter wieder auf den Spielplatz. Da saß auf der Bank eine alte Oma und weinte. Da fragte Josua, ob der Hund ihr gehört und sie sagte:"Ja." Da gab er den Hund der Oma zurück. Sie freute sich sehr und sagte: "Danke. Wenn du willst, darfst du ihn so oft du willst besuchen. Willst du das?" Da sagte Josua:"Ja!"

Die „Konferenzkinder“ hatten selbstverständlich besonderes Verständnis für Josuas Hundewunsch und seine „Besuchslösung“, fanden sie sich doch selbst in diesem Wunsch wieder. Lobend hervorgehoben wurde von ihnen die in der Klasse bisher noch nicht praktizierte Bild-Text-Kombination. Robert, der Satzanfangsspezialist in der Klasse, wies Josua freundlich, aber bestimmt auf die zwölf „Und-da-Satzanfänge“ hin, die er durch einen Blick auf das Satzanfangsposter bei seiner nächsten Geschichte vermeiden könne.

In seinen folgenden Texten verwendete Josua tatsächlich kaum noch “Und-da-Konstruktionen“, sondern gelangte durch Berücksichtigung vor allem temporaler und kausaler Beziehungen zu einem abwechslungsreichen Satzbau.

Katja dagegen, bei der zu Hause „immer etwas los ist“, genoß es besonders, über ihre Texte ihren drängenden Überschwang sowie ihre ungebremste Lebendigkeit mit den Klassenkameraden/-innen teilen zu können. Mit ihrem ersten Text im dritten Schuljahr über die „Sau Susi“ – für ein Stadtkind schon ein etwas ungewöhnliches Thema – hatte sie natürlich die Lacher auf ihrer Seite.

Susi
Vorgestern waren wir bei Susi. Das ist eine Sau. Meine Schwester sollte eigentlich Susi füttern, nämlich Barbara hat die Sau jemandem zum Geburtstag geschenkt, und nun sind die im Urlaub, und Barbara sollte Susi verpflegen, aber Barbara muß jeden Tag ins Geschäft, und nun muß Axel die Sau verpflegen. Einmal ist Susi in die Waschküche gelaufen, wo Susis Fressen steht. Sie hat das ganze Fressen umgeworfen. Und einmal hat Susi Barbaras Garten umgewühlt. Danach hatte sie eine ganz schmutzige Schnauze und hat uns die Hosen vollgeschmiert. Als wir einmal kamen, kam Susi aus den Büschen raus und hat sich gefreut.

Schreiben und Miteinanderreden über das Geschriebene als „gesteigerte Form der Selbstvergewisserung" (wie Kaspar H. Spinner es treffend bezeichnet) ereignet sich nicht beim „traditionellen Aufsatzschreiben", auch dann nicht, wenn man es durch Schreibkonferenzen ergänzt (Spinner 1980a, S. 74).

In den meisten Kindertexten zu vorgegebenen oder gar vorbearbeiteten Aufsatzthemen (wie etwa bei Bildergeschichten oder Standardnacherzählungen) kommt ja nicht die kindliche Seele zum Ausdruck, sondern in ihnen manifestiert sich eine primär fremdbestimmte (subjektiv nur unter dem Zensurenaspekt wichtige) Anpassung an die Erwartungen des Lehrers/der Lehrerin.

Verordnetes Schreiben degeneriert nur allzuoft bereits im Grundschulalter zur formalen Anpassungsleistung.

Freies Schreiben eröffnet im Gegensatz zum traditionellen Aufsatzunterricht überraschende Inhaltsdimensionen sowie unerwartete Textqualitäten. Sich durch freies Schreiben auf die Kinder einzulassen mit den Erfahrungen, Gedanken und Gefühlen, die sie bewegen, scheint zunächst ein Schritt ins Ungewisse zu sein, ein Schritt allerdings, der sich alsbald zu einem breiten Weg ungeahnter Möglichkeiten und wertvoller Entdeckungen für Lehrer/in und Kinder ausweiten kann.

Durch die Integration des freien Schreibens in den Schulalltag erhalten die Kinder eine Chance, Schreiben von Anfang an als subjektiv bedeutsames Handeln zu praktizieren sowie Schreiben als „intellektuelles Produktionsmittel" (Maas 1985, S. 4–25) für sich zu erobern. Schreiben in der Schule zu erfahren als selbstgesteuerte Möglichkeit des Umsetzens von eigenem Sprechdenken in geschriebene Sprache, bedeutet, dem Aspekt der Weltaneignung und Selbstfindung über Schreiben den gebührenden Raum zu gewähren.

Schreiben wird durch freie Texte aus der Einengung einer „Vollzugshandlung auf Anordnung hin" befreit und zur selbstbestimmten Verarbeitung individueller Erfahrungen freigegeben. Dies bedeutet, den Kindern eine Chance zu geben, daß sie Schreiben als persönlich bedeutsame Tätigkeit in ihre Lebensplanung integrieren können.

Daß in der Möglichkeit des freien Schreibens für Grundschulkinder eine besonders produktive Möglichkeit der „Schreiberziehung" liegt, bestätigen sowohl historisch-didaktische Analysen, gegenwärtige Forschungsergebnisse und nicht zuletzt die schreibenden Kinder selbst.

Bereits Rudolf Hildebrand konstatierte 1879 in seinen Ausführungen zum „deutschen Aufsatz", daß dieser zu einer Art „Gedächtnisprobe... erniedrigt" worden bzw. zu einem „Sprachunterricht, den man Papageien" gibt, verkümmert war. Dagegen setzte er, daß Schreiberziehung in solchen Situationen am besten gelinge, „in denen man die Schüler etwas erzählen und frei gestalten läßt, was sie selbst erlebt und erfahren haben". Denn „die Schüler denken und fühlen bei allem, das sie gelehrt bekommen, etwas eigenes in sich, und in diesen stillen Gedanken und Gefühlen sitzt das Ich des Schülers..." (HILDEBRAND 1946, S. 45/50).

Sowohl in den Arbeiten der Reformpädagogen bzw. in der gegenwärtigen Wiederbelebung ihrer Ideen als auch im Zusammenhang mit der Freinet-Pädagogik sowie den Arbeiten zu einem kind- statt fibelorientierten Erstleseunterricht wird die besondere Bedeutsamkeit des vom Kinde selbst gewählten Inhalts für den Erfolg von Sprachlernprozessen besonders gewürdigt (vgl. GANSBERG 1914; SENNLAUB 1980; FREINET 1980, S. 32–61; SPITTA 1988b; BERGK/MEIERS 1985).

Neuere Forschungsarbeiten zur Entwicklung des kindlichen Schreibverhaltens betonen allemal die überragende Bedeutung des freien Schreibens und der mit der individuellen Themenwahl verbundenen subjektiven Bedeutsamkeit des Textes für das Kind.

Gerade Wygotsky weist aufgrund seiner langjährigen Untersuchungen zum kindlichen Schriftspracherwerb bzw. zur besonderen Abstraktheit schriftsprachlicher Lernprozesse in seinen letzten Veröffentlichungen eindringlich auf das Prädikat „persönliche Bedeutsamkeit" hin, wodurch jede schulische Schreibtätigkeit charakterisiert sein muß, wenn Schreiben nicht zur beziehungslosen, formalen, rein mechanistischen Handlung verkommen soll. „Schreiben muß für das eigene Leben wichtig sein" (Übersetzung d. Verf.), so führt er aus, wenn es zu geistigem Wachstum und zu einer Erweiterung der Persönlichkeit führen soll. Und was für das einzelne Kind am besten ist, zeigt uns das Kind in der Wahl seiner Themen (WYGOTSKY 1983).

In ihren Untersuchungen kindlichen Schreibverhaltens kommen Hayes/Flower zu dem Ergebnis, daß das in den Schulen verordnete themengebundene Schreiben regelhaft zu „langweiligen" Texten führe, die durch „inflationären Gebrauch geübter Wendungen" gekennzeichnet sind sowie durch eine Dominanz des Anspruchs „es ja richtig bzw. keine Fehler zu machen", was auf Kosten von Qualitäten wie Authentizität, Kreativität, Bildhaftigkeit und Emotionalität der Sprache" geschehe (FLOWER/HAYES 1980).

Bereiters Analysen des Schreibverhaltens von Schreibanfängern zeigen darüber hinaus, daß der kindliche Ideenfluß – eine unabdingbare Voraussetzung zum Schreiben – immer dann am reichhaltigsten und ungebrochensten ist, wenn Kinder ihre Themen selbst wählen können (Bereiter 1980).

Und die Kinder selber?

Stellvertretend für die vielen begeisterten Äußerungen zum freien Schreiben seien hier einige wenige kindliche Meinungsäußerungen dazu wiedergegeben.

„Ich finde die Art eine sehr tolle Art, weil ich Geschichten nur selber erfinden kann und nicht andere Geschichten weiterschreiben kann ...“ (Kristina)

„Ich finde es voll gut, daß wir schreiben dürfen, was wir wollen, weil einer hat mal Lust dazu und der andere zu was anderem ...“ (Liane)

„Wenn wir einen Aufsatz frei schreiben dürfen, ist es sehr gut. Aber wenn du uns ein Thema gibst, ist es nicht so gut.
1. Weil mir dazu nicht so viel einfällt.
2. Weil er dann nicht so gut wird ...“ (Janine)

„... weil man da auch seinen Phantasien freien Lauf lassen kann, und so schreiben kann, wie man denkt.“ (Stephan)

„Das ist ganz einfach. Wenn einem ein Thema überhaupt nicht gefällt, dann mag man auch nicht so gern darüber schreiben, und dann macht man das nicht so gut, als wenn man über ein Thema schreibt, das einem sehr gut gefällt.“ (Martin)

Interessanterweise – das zeigen unsere Beobachtungen in Schulklassen – finden es Kinder, die reichlich Möglichkeiten hatten, sich frei auszudrücken, durchaus attraktiv, sich der ganz andersartigen Herausforderung, die ein vorgegebenes (nicht allerdings vorgekautes) Thema beinhaltet, zu stellen und ihre Lösungsvarianten dazu gemeinsam – vergleichend – auszutauschen.

Die „Früchte der Schreibfreiheit“ konkretisieren sich nicht – wie immer wieder befürchtet – in einem bequemen Ausweichverhalten gegenüber jeglichen Schreibanforderungen, sondern, im Gegenteil, sie manifestieren sich in deutlicher Bereitschaft und neugierigem Interesse, sich andersartigen Schreibanforderungen zu stellen.

2. Wie Schreibkonferenzen entwickelt werden können

Schreibkonferenzen verändern den Schulalltag

„Schreibkonferenzen und freies Schreiben finde ich ganz toll. Ich will das unbedingt in meiner Klasse probieren“, sagte nach der letzten Einführungsveranstaltung eine Kollegin zu mir.

„Aber“

– und jetzt atmete sie erst einmal tief und deutlich hörbar durch –

„aber,

ich glaube, dazu muß ich wohl noch einiges an meinem Unterrichtsstil verändern. Und das macht mir schon angst.“

Ich halte diese Äußerung für eine sehr realistische Einschätzung, es sei denn, offene, kindorientierte Formen des Arbeitens sind bereits selbstverständlicher Bestandteil des Schulalltages einer Klasse/einer Kollegin.

Im anderen Fall allerdings können Schreibkonferenzen sehr gut als Anlaß oder als Weg dafür genommen werden, etwas in die Tat umzusetzen, was man vielleicht in einer hinteren Ecke seines Kopfes schon lange als Idee „gehegt und gepflegt“, sich aber noch nicht in die „Welt auszupflanzen“ getraut hatte, nämlich,

> den ersten Schritt zu einer Öffnung des Unterrichts für ein stärker selbstbestimmtes, eigenaktives und gleichzeitig selbstverantwortetes Lernen der Kinder zu wagen.

Und natürlich gelingen solche ersten und auch weitere Schritte nicht ohne Überwindung anfänglicher Ängste und Zweifel. Auch sind derartige Versuche, sich pädagogisches Neuland zu erobern, durchaus regelmäßig verbunden mit ersten begeisterten „Höhenflügen“ über die hohe Arbeitsbereitschaft und den Schreibeifer der Kinder, gleichzeitig aber auch mit desillusionierenden „Abstürzen“, die deutlich machen, daß nicht gleich von Anfang an „alles so gut klappt, wie erhofft..., daß die Kinder nicht gleich ‚alles‘ bemerken..., daß nicht jede Schreibkonferenz gleich gelingt...“. Es ist ja auch eine besondere Situation, daß bei der Einbeziehung von Schreibkonferenzen in den Schulalltag beide – Kinder und Lehrerin – gleichzeitig Lernende sind.

Außerordentlich hilfreich bei solchen ersten Veränderungsschritten ist, so berichten Kolleginnen in den Seminaren immer wieder, ein Erfahrungstausch von

Kolleginnen untereinander. Durch das gemeinsame Nachdenken und Nacherleben mit Kolleginnen entsteht häufig ein analytisch begleitetes Erproben, Abwägen, Verändern oder Verstärken der verschiedenen Aspekte neuer Unterrichtsformen. Am Ende einer solchen Wegstrecke kristallisiert sich ein für die einzelne Klasse und die betreffende Kollegin individuell passendes Konzept von freiem Schreiben und Schreibkonferenzen im Rahmen eines kindorientierten Unterrichts heraus. Es wird nicht eine standardisierte oder genormte Vorstellung von offenem Unterricht als maßgeblich erlebt, da diese eine individuell und klassenspezifisch passende Entwicklung und Veränderung eher behindert als fördert.

Elke Gleske, Lehrerin einer dritten Klasse in Berlin, beschreibt in einem Bericht, den sie für ein solches „Erfahrungsaustauschtreffen“ von Kolleginnen verfaßt hatte, die an den verschiedensten Schulen innerhalb Berlins begonnen hatten, mit Schreibkonferenzen zu arbeiten, ihre ersten Erfolge, aber auch die zunächst noch vorhandenen Unsicherheiten und Zweifel, in jedem Fall aber: die vielen Veränderungen in ihrer Klasse, bei den Kindern und bei sich selbst nach den ersten fünf Wochen Erfahrungen mit Schreibkonferenzen.

„Vergingen wirklich erst fünf Wochen seit der ersten Seminarsitzung?

Sie sind verstrichen wie im Flug, aber gemessen an den Veränderungen in der Klasse, im Unterricht, bei den Kindern und mir erscheinen sie eher wie Monate.

Um einen Eindruck von der Entwicklung zu geben, fasse ich das Wichtigste im folgenden zusammen. Diese Form der Darstellung wird allerdings der Lebendigkeit des Prozesses nicht gerecht, was besonders bei den Beobachtungen der Kinder deutlich wird.

1. Veränderungen in der Klasse

Wir probieren nun eine Gruppensitzordnung aus, damit während der freien Arbeit die Arbeitsbereiche leichter getrennt werden können. In einem Regal sind die Spiele, Karteien, Lese- und Schreibvorlagen, die neu erstellt werden mußten, gesammelt.

Die Wände füllen sich langsam mit Plakaten, die den Ablauf der Schreibkonferenz, Tips für Autoren und Rechtschreibhinweise (z. B. kurze Wörter → Gebrauchsgipfel der 100 häufigsten Wortformen) beinhalten.

Eine Wandtafel ist zur Ausstellungswand geworden.

2. Veränderungen im Unterricht

Dreimal in der Woche findet „freie Arbeit“ statt, für die die Kinder einen Wochenplan erhalten. Dieser umfaßt Lese- und Schreibaufgaben, läßt aber Raum zum freien Schreiben, für Schreibkonferenzen und Beschäftigung mit dem Materialangebot.

Im Förderunterricht findet immer eine Schreibkonferenz statt. Es werden je zwei Kinder, die sonst nicht am Förderunterricht teilnehmen, dazu eingeladen. Hier bildet sich ganz gezielt die Möglichkeit, in der kleinen Gruppe den Ablauf der Schreibkonferenz einzuüben.

Die Veröffentlichungs- bzw. Vortragsstunde findet einmal in der Woche statt.

3. Beobachtungen der Kinder

- Auffällig bei allen bisherigen Schreibkonferenzen ist zunächst die Ratlosigkeit der Kinder, einen Text als veränderbar zu begreifen. „Ist doch gut!" lautet oft der erste Kommentar. Allerdings ist mir bei drei Jungen in den letzten Tagen die Formulierung aufgefallen: „Ach, da sind ja wieder keine Punkte. Andauernd sagst du ‚und'."
- Eine große Schwierigkeit bildet die Einteilung in Sätze. Die meisten Kinder schreiben: „... und dann, und dann ..." Alle staunen, wenn beim Auftrag: „Lies bis zum nächsten Punkt!" oft die ganze Geschichte noch einmal gelesen wird, weil zwischendurch kein Punkt zu finden ist.
- Daß Sätze nicht immer mit „und" beginnen können, ist für einige Kinder nicht einsichtig. Hier müssen wohl noch viele Geschichten gehört und verglichen werden.
- Die Geduld der Kinder wird auf eine harte Probe gestellt, wenn der Abstand zwischen Entwurf und Schreibkonferenz sehr groß ist. Auch wird oft in einer Konferenz ein Text nicht vollständig bearbeitet, und es ist mindestens noch eine Sitzung nötig.
- Der Umgang mit dem Wörterbuch ist nicht so vertraut, daß die Kinder viele Rechtschreibfehler finden. Das Suchen und Entdecken eines Wortes in nicht allzulanger Zeit gelingt erst sehr wenigen.
- Die Geschichten von vier Kindern geben in Märchenform deren Problematik wieder. Der Autor des „kleinen Roboters" ist selbst sehr klein und leidet darunter. Die langsame Schnecke, aus der ein Erfinder eine Rennschnecke macht, ist von einem Mädchen aufgeschrieben worden, die oft die letzte beim Ein- und Auspacken ist. Die Möglichkeit, sich schreibend mit der eigenen Situation auseinanderzusetzen, wird hier von den Kindern beispielhaft vorgeführt.
- Große Schwierigkeiten bereiten Geschichten, die eigentlich von Anfang an neu geschrieben werden müßten (vgl. Janine). Die Kinder verstehen dann den Sinn nicht und können keine Fragen stellen.
- Die Veröffentlichungsstunden werden von den Autoren sehr genossen. Ihre Gelassenheit, mit der sie nach dem ersten Beifall, Lob und Kritik entgegennehmen, hat mich beeindruckt.

4. Veränderungen bei mir

- Um den Überblick nicht zu verlieren, habe ich während der fünf Wochen sporadisch ein Schultagebuch geführt. Wenn ich es jetzt noch einmal lese, fallen mir viele „einerseits-andererseits" auf.
- *Einerseits* bin ich ganz aufgeregt und gespannt auf unsere Arbeit. Ich gehe wieder gern zur Schule und sehe mich im Lernprozeß mit den Kindern, was die Atmosphäre positiv beeinflußt.
  Andererseits fühle ich mich auch angestrengt und isoliert, da niemand an meiner Schule mit Schreibkonferenzen arbeitet und ich dadurch stärker unter Erfolgszwang stehe.
- *Einerseits* bin ich begeistert vom Lernzuwachs einzelner Kinder, die sich Einsichten in Sprache erschließen, was im herkömmlichen Deutschunterricht in diesem Umfang nicht stattfindet. Außerdem wird bei der Überarbeitung des eigenen Textes der individuelle Stand der Sprachentwicklung deutlich. Die Kinder erhalten damit die Möglichkeit, dort weiterzulernen, wo sie zur Zeit sind, und die Ergebnisse sinnvoll zu integrieren. Eine Orientierung an allgemeinen Anforderungen birgt immer die Gefahr des rein mechanischen Lernens oder schlimmer sogar, des Versagens.
  Andererseits gerate ich leicht in Panik, wenn ich mir folgende Fragen stelle: Was haben alle von den Ergebnissen einzelner? Lernen die Kinder genug? Werden sie auf dem gleichen Stand wie die anderen Klassen sein, wenn ich sie nach dem 3. Schuljahr abgebe?
- *Einerseits* ergeben sich immer wieder Unterrichtsinhalte aus der Beschäftigung mit den Geschichten, so daß es an Themen für den Unterricht bisher nicht gemangelt hat.
  Andererseits frage ich mich angesichts der Pläne der Nebenklassen, ob ich die Bereiche des Rahmenplans adäquat abdecken kann.
- *Einerseits* genieße ich die Schreibkonferenzen, die mich intensiv mit einigen arbeiten lassen. Jetzt am Anfang nehme ich noch an jeder Schreibkonferenz teil, um die Arbeitsweise einzuüben.
  Andererseits werde ich nervös, wenn andere Kinder zwischendurch auch etwas von mir wollen. Es fehlt auch noch sehr an Gelassenheit angesichts der Zeit, die diese Schreibkonferenzen brauchen.

Trotz der oft widerstreitenden Gefühle überwiegt die Neugier auf die weitere Entwicklung und die Lust, daran zu arbeiten."

Eine häufig auftauchende Frage bei der Neuorganisation des Schulalltages im Rahmen der Arbeit mit Schreibkonferenzen ist die Frage nach der Struktur dieser „freien Arbeitsstunden". Müssen solche „Freiräume" durch eine feste Struktur geregelt sein, wie z. B. durch

– eine Kombination von Pflichtprogramm und zusätzlichen freien Wahlmöglichkeiten (z. B. Wochenplanarbeit)

oder aber kann man diese Phasen organisieren als

– „Schule zum Aussuchen", also als ein reichhaltiges Angebot von Lernspielen, Aufgabensammlungen und Aktivitäten, innerhalb derer auch die „Schreibwerkstatt" ihren Platz hat?

Viele Kolleginnen, besonders wenn sie gerade ihre ersten Erfahrungen mit freiem Arbeiten machen, entscheiden sich anfänglich für eine strenge „Pflicht- und Kür-Struktur" mit hohem Pflichtanteil, um auf diese Weise zu gewährleisten, daß auch wirklich gearbeitet wird. Diese relativ enge Organisationsform wirkt offensichtlich beruhigend auf die „Kontrollverlustängste" der Lehrerinnen.

Nach einigen Wochen Erfahrung mit freiem Arbeiten und Schreibkonferenzen verspüren diese Kolleginnen jedoch regelmäßig eine zunehmende Unzufriedenheit: Da die meisten Kinder das Pflichtprogramm als so vordringlich verbindlich ansehen, geht es ihnen in den freien Arbeits- oder Wochenplanstunden primär nur noch darum, diese Aufgaben in jedem Fall zu schaffen. Für durch die Kinder selbst bestimmte und begründete Arbeitsentscheidungen bzw. Aktivitäten, für eigenständig vorgenommene und verantwortete Kinderentscheidungen bleibt in diesem Rahmen viel zu wenig Freiraum. Und auch das freie Schreiben bzw. die Schreibkonferenzen spielen hier nur noch eine sehr untergeordnete Rolle.

Uta Heckenbach erlebte diesen Prozeß in ihrer dritten Klasse so: „Die weitere Organisation der Schreibstunden verlief nicht ganz ohne Probleme. Zunächst versuchte ich, sie in die Wochenplanarbeit zu integrieren. Dies erwies sich jedoch als ungünstig.

Der Wochenplan enthält Pflichtaufgaben, die jeweils zum Wochenende erfüllt sein sollten, was Hausaufgaben mit einschließt. Deshalb versuchten die Kinder, zunächst ihre Pflichtaufgaben zu erfüllen, ehe sie sich an ihre Geschichten setzten ... und wurden mächtig unzufrieden, denn sie wollten wirklich Zeit zum Schreiben haben, und nicht nur Restmomente.

So änderten wir diese Stunden in „Freie Arbeitsstunden" um. Wer nicht schreibt, findet genügend andere Aufgaben, Anregungen und Aktivitätsangebote, so daß alle Kinder produktiv arbeiten können."

Der Befürchtung, daß Kinder dieses „Schule-zum-Aussuchen-Arrangement" durch Nichtstun vertrödeln könnten, begegnen diese Kolleginnen dadurch, daß solche freien Phasen in Rituale eingebettet ablaufen. Diese sprechen die Kinder in ihrer Selbstverantwortlichkeit für ihren eigenen Lernprozeß an und geben gleichzeitig Lehrerin und Kindern Rückmeldungen über Stand und Entwicklung des Lernprozesses sowie über die jeweils gewählte Aktivität.

So beginnen viele Lehrerinnen diese freien Arbeitsstunden damit, daß die Kinder im Kreisgespräch oder in der Tischgruppe „öffentlich" erklären, an welcher Aufgabe sie heute (in dieser Stunde) arbeiten wollen; in anderen Klassen geschehen diese „Verpflichtungen" über ein Eintragen in Arbeitstabellen. Am Ende solcher Phasen steht selbstverständlich eine Würdigung der geleisteten Arbeit bzw. durchgeführten Aktivitäten – durch die Kinder selbst (mündlich oder schriftlich als Kommentar zur eigenen Arbeit) sowie durch die Lehrerin im Gespräch mit dem Kind, den Kindern einer Tischgruppe bzw. durch Auswertung der schriftlichen Ergebnisse.

Gerade während dieser freien, durch die Entscheidungen der Kinder maßgeblich bestimmten Arbeitsphasen wird die veränderte Rolle der Lehrerin besonders deutlich. Sie ordnet keine Aufgaben an, gibt keine Arbeitsschritte vor, bestimmt nicht die Arbeitsstrukturen, legt auch nicht das Tempo oder die Reihenfolge der Aktivitäten fest. Nein, ihre Aufgabe besteht vornehmlich darin, daß sie vorbereitend eine Vielzahl von Arbeitsmaterialien, Aktivitätszonen, Lernspielen und Anregungen bereitstellt, so daß die Kinder aus dem Angebot von Arbeitsmöglichkeiten solche für sich auswählen können, die für das jeweilige Kind zu seinem Lernstand, seinem Lernbedürfnis und seinen Lernweisen in einem besonders engen Verhältnis stehen, also als besonders passend erlebt werden.

Während der freien Arbeitsstunden selbst unterstützt die Lehrerin die je individuellen Lernprozesse der Kinder durch gezielte Beobachtung des Arbeitsverhaltens, durch begleitende Beratung zum Beispiel bei Entscheidungsprozessen sowie direkte Anregung bei Schwierigkeiten.

Daß bei solchen „Rollenveränderungen" bisher für selbstverständlich gehaltene Vorstellungen von der Souveränität der Lehrerentscheidungen (z. B. beim Beurteilen von Texten) ins Wanken geraten und statt dessen neue Möglichkeiten kindorientierten Vorgehens in ihren Chancen, aber auch in den damit zunächst verbundenen Verunsicherungen erlebt werden, zeigt der Bericht von Dagmar Blümich, den sie nach drei Monaten Arbeit mit Schreibkonferenzen in einer vierten Klasse schrieb.

„Die Arbeit mit Schreibkonferenzen ist zu einem festen Bestandteil des gewohnten Wochenplanunterrichts geworden. Ich genieße die daraus für mich entstandenen Vorteile nach wie vor, frage mich aber mitunter, ob ich es mir nicht zu einfach mache.

An jedem Freitag werden die im Laufe der Woche fertiggestellten Geschichten veröffentlicht. Das Vorlesen, Besprechen und Bewerten nimmt in der Regel die ganze Stunde in Anspruch. Das hat den Vorteil, daß alle Kinder ihre Arbeiten ziemlich schnell veröffentlichen können. Es ist aber für einige Schüler auch langweilig, eine ganze Stunde lang zuzuhören. Noch kommen die Gesprächsbeiträge fast immer von denselben Kindern.

Bei der Bewertung der Arbeiten lasse ich jetzt ganz die Schüler entscheiden. Sie belohnen in der Regel die Mühe, die das Autorenkind ihrer Meinung nach beim Schreiben hatte, was zu pädagogisch sehr hilfreichen, aber wenig objektiven Zensuren führt, die ja ohnehin bei Aufsätzen fast unmöglich sind.

Maria zum Beispiel, die als Wiederholerin erst in diesem Schuljahr zu uns kam, erfuhr auf diese Weise eine so dringend notwendige Bestätigung, daß sie sich überhaupt wieder auf Lernprozesse einlassen konnte. Bis dahin hatte sie kaum ein lesbares Wort zu Papier gebracht und sich fast nie im Unterricht beteiligt. Dadurch, daß die Kinder ihren ersten Schreibversuch mit der Note 1–2 belohnten, erhielt sie soviel Auftrieb, daß ihre Rechtschreibleistungen immer besser wurden. Sie ist jetzt auch bereit, mit Hilfe anderer Kinder überhaupt zu arbeiten, da sie gemerkt hat, daß die Klasse ihre Arbeit honoriert und Verständnis dafür aufbringt, daß sie einiges noch nicht kann.

Ich werde deshalb wahrscheinlich dieses Benotungssystem beibehalten.

Mache ich es mir zu leicht?

Ich lege schließlich die Benotung in einem Teilbereich ganz in die Hände der Kinder.

Bei unserem letzten Erfahrungsaustausch wurde kritisiert, daß ich die Bewertung zu wichtig nehme. Ich kann auf die Bewertung nicht verzichten, da ich auf dem Zeugnis Noten geben muß.

Ich habe aber jetzt versucht, den Wochenplanunterricht so zu organisieren, daß weniger Leistungsdruck ausgeübt wird.

Zu Beginn der Woche wird ein Plan in der Klasse ausgehängt mit freiwilligen und verpflichtenden Aufgaben sowie zwei Hausaufgaben. Die Kinder schreiben sich nun ihren eigenen Wochenplan inklusive Schreibwerkstattzeiten selbst auf ein Formblatt und kreuzen auf einer Klassenliste am schwarzen Brett die erledigten (von mir bereits nachgesehenen Arbeiten) selbst an. Am Ende der Woche beurteilen sich die Kinder selbst, d. h., sie sollen ihr Arbeitsergebnis selbst einschätzen . . .

Ich habe den Eindruck, daß die Arbeitsatmosphäre durch diese Art der freien Arbeit sehr angenehm geworden ist und die Schüler sehr gut miteinander, auch in wechselnden Gruppen, arbeiten und sich gegenseitig helfen können."

Schreibkonferenzen – wie fang ich an damit?

Kindern das Arbeiten mit bzw. in Schreibkonferenzen nahezubringen, ist für viele Kolleginnen – besonders während der ersten Stunden – eine spannende, teilweise aufregende Angelegenheit.

- Werden die Kinder das neue Lern- und Arbeitsarrangement überhaupt akzeptieren?
- Wollen sie dann tatsächlich „freiwillig“ Geschichten schreiben?
- Arbeiten sie während der Schreibkonferenzen wirklich an ihren Texten oder sitzen sie dabei nur so 'rum?
- Wie überarbeiten sie überhaupt ihre Texte?

Im folgenden werde ich daher berichten, wie in den meisten der über 40 Klassen, die in Berlin im Laufe der letzten vier Jahre „Freie Texte und Schreibkonferenzen“ zu ihrem Programm gemacht haben, diese Arbeitsweise so an die Kinder herangetragen wurde, daß sie zu einem selbstverständlichen Teil des Schulalltags werden konnte.

Grundsätzlich sorgten alle Kolleginnen zunächst einmal dafür, daß der Klassenraum (teilweise unter Einbeziehung des Schulflures) durch unterschiedliche Aktivitätszonen (Leseecke, Schreibwerkstatt, Experimentierecke...) und vielfältige Materialangebote so gestaltet wurde, daß er eine zu eigenem kreativen Verhalten auffordernde Atmosphäre ausstrahlte.

Daneben wurden Wochen- und Tagespläne neu organisiert und zwar so,

- ○ daß wöchentlich mindestens an drei Tagen „freie Schreibzeiten“ im Rahmen von „freien Arbeitsstunden“ als fester Bestandteil eingeplant wurden, während derer die Kinder schreiben bzw. nach Absprache an individuellen Aufgabenstellungen arbeiten konnten;
- ○ daß während dieser Stunden – wenn erste Texte fertiggestellt waren – Schreibkonferenzen zur Überarbeitung der Schreibentwürfe stattfinden konnten, und zwar mit zwei von den Kindern selbst gewählten „Mitarbeitern“, gegebenenfalls (besonders zu Anfang sowie bei Problemen) unter Beratung durch die Lehrerin;
- ○ daß – nachdem die Lehrerin eine Endredaktion am so überarbeiteten Textentwurf vorgenommen hatte – das jeweilige „Autorenkind“ durch Übertragung auf Schmuckbogen ein (auch rechtschreiblich fehlerloses) „Veröffentlichungsoriginal“ herstellen konnte;
- ○ daß – meistens gegen Ende der Woche – die „Veröffentlichung“ der bis dahin fertiggestellten Texte im Rahmen einer feierlichen „Dichterlesung“ oder „Autorenstunde“ erfolgen konnte.

Darüber hinaus gab es in vielen Klassen zwei Überblickstabellen – eine mit dem Titel „Darüber schreibe ich gerade / Darüber will ich noch schreiben“, die andere mit der Überschrift „Diese Texte habe ich geschrieben“. Sie hingen zumeist gut sichtbar an einer Klassenraumwand (die jeweiligen Angaben wurden von den Kindern auf kleine verschiedenfarbige Streifen geschrieben und in ihr Tabellenkästchen geklebt) und sorgten für gegenseitige Information und Anregung.

Ablaufdiagramm für Schreibkonferenzen

Dreimal wöchentlich fest eingeplante "freie Schreibzeiten" z.B. im Rahmen des Wochenplanunterrichts. Jedes Kind kann, muß aber nicht schreiben (Wahlangebote ...).

Individuelle **THEMENFINDUNG** und **ERSTELLEN** eines **ENTWURFES**.

Ebenfalls während der freien Arbeitszeiten im Wochenplanunterricht: **SCHREIBKONFERENZEN**: Autorenkind und zwei weitere Mitarbeiter arbeiten am Entwurf zu inhaltlichen, stilistischen, rechschriftlichen Aspekten des Textes. Autorenkind bearbeitet anschließend seinen Entwurf für die

ENDREDAKTION des Entwurfes durch bzw. mit der Lehrerin.

Erstellen der endgültigen korrekten Textfassung auf besonderen **SCHMUCKBOGEN** für die

VERÖFFENTLICHUNG in der Veröffentlichungsstunde (Dichterlesung). Vorlesen des Textes und Gespräch über den Text mit der gesamten Klasse.

Anschließend Textausstellung oder Buchprojekt mit den Kindertexten.

Die Einführung in das Arbeiten mit den Schreibkonferenzen selbst geschah im allgemeinen auf folgende Weise:

Ein großer Teil der Kolleginnen hielt den Beginn des dritten Schuljahres für einen geeigneten Zeitpunkt, an ihre Kinder neue Anregungen zur bewußteren und gezielteren Gestaltung ihres eigenen Schreibprozesses (bei freien Texten) heranzutragen. Einige Kolleginnen, deren Kinder vorwiegend aus sprachlich orientierten Elternhäusern stammten, begannen bereits gegen Ende des zweiten Schuljahres damit, Schreibkonferenzen in ihren Unterricht zu integrieren.

In den meisten Klassen war der Auslöser eine Art „gemeinsames Nachdenken“ (Kreisgespräch) darüber, wie denn wohl Erwachsene, insbesondere von den Kindern geliebte Kinderbuchautoren/-innen ihre Texte und Bücher zustande brächten. „Die schreiben das einfach so hin – fertig“, so ungefähr lautete die gängige Kindervorstellung dazu.

Berichteten die Kolleginnen in diesem Zusammenhang davon, daß Schriftsteller/-innen die erste Fassung ihrer „Geschichte“ meistens gar nicht als „fertig“ betrachteten, sondern nach dem ersten Schreiben häufig Freunde zum Vorlesen ihrer Texte aufsuchen, um dadurch Ideen und Hinweise zu bekommen, wie sie ihre „Geschichten“ noch klarer oder spannender oder noch lustiger schreiben könnten, war das Erstaunen in der Regel groß. Die Vorstellung, daß Schriftsteller/-innen ihre Texte häufig überarbeiten und verändern, erschien den Kindern zunächst sehr unwahrscheinlich, zumal Erwachsene – in ihrer Wahrnehmung jedenfalls – doch stets alles können und richtig machen. Und Hinweise, daß Kinderbuchautoren/-autorinnen bevorzugt Kindern ihre neuen Texte vorläsen, um aus deren Fragen und Meinungen wichtige Anregungen für die Überarbeitung zu erhalten, erfüllten sie zwar mit Stolz, erschienen ihnen aber immer noch nicht ganz „glaubwürdig“.

Ganz überzeugt und „Feuer und Flamme“ dafür, von nun an auch wie richtige Schriftsteller zu schreiben, waren die Kinder jedoch regelmäßig dann, wenn sie eine solche durch Streichungen und Ergänzungen heftig bearbeitete Manuskriptseite eines Kinderbuchautoren zu Gesicht bekamen. Wir verwendeten dafür eine Manuskriptseite von Peter Härtling aus dem Sonderheft „Peter Härtling für Kinder“ der Zeitschrift „Der bunte Hund“ (Beltz-Verlag, 1989).

Vorsichtig wie eine Geheimbotschaft wurde die Seite im Gesprächskreis weitergereicht und mit aufgeregten Kommentaren wie „Det sieht ja aus ... so machen die das also ... Mensch, kiek mal, dieses Gekrakel ...“ bedacht. Auf viele Kinder wirkte die Betrachtung dieser Seite tatsächlich so, als wäre für sie ein wichtiges Geheimnis des Schreibens gelüftet worden.

Manuskriptseite aus „Fränze“ von Peter Härtling mit den Korrekturen von Autor und Verlagslektor

Gründe. Vielleicht ~~ist er wirklich von der~~ stimmt,
~~Rolle, hat irgendwas.~~ Daß mit seinem Job was
nicht ~~stimmt~~, kann ja ~~auch~~ sein."
Das schlägt wie ein Blitz bei Fränze ein.
"Ja!", ~~ruft~~ sie, geht in die Hocke, ~~geht in~~ und
~~sich, reckt sich,~~ wirft sie den Ranzen über
die Schulter. "Das ist es", sagt sie. ~~Holger~~
~~weiß überhaupt nicht mehr, woran er ist.~~
"Was?" fragt ~~er~~ Holger. "Danke", sagt sie, ~~denn~~ und rennt los.
~~Johannes nicht mit uns redet, müssen wir~~
~~mit ihm reden.~~
~~[illegible]~~ ruft er ihr nach.
"Soll ich vorbeikommen, heute nachmittag?"
"Ja", erwidert sie, "du kannst mich begleiten."
"Wohin denn?"
Sie hält an, dreht sich ~~zu ihm~~ um: "Weißt
du, wie man zur Weißenaustraße kommt?"
"Ich glaub', mit dem ~~Acht~~ siebener Bus. Das ist
ziemlich in der Pampa. Was willst du
denn da?"
"Da ist dem Johannes seine Firma." ~~Tschau.~~"
"Ich hol dich ab, Fränze."
Auf dem Nachhauseweg ~~wird sie immer lang-~~
~~samer, gerät ins Grübeln,~~ fragt sie sich, ob
sie nicht voreilig gedacht hat. Es muß
ja nicht unbedingt um seine Arbeit gehen.
~~Bloß was könnte~~ Johannes ~~sonst so ver-~~ hat nie
~~ändern? Nie hat er~~ ein Wort verloren über
~~die~~ Schwierigkeiten in seiner Firma. An
der hing er sehr. ~~Die~~ Mit Freunden hatte er sie ein paar
Wochen nach ~~ihrer~~ Fränzes Geburt ~~mit Freunden~~
gegründet. Die anderen waren Techniker, und er
~~mußte~~ sorgte dafür ~~sorgen~~, daß die Buchhaltung
stimmte. ~~Manchmal sagte er:~~ "Ich bin
nicht das größte Licht bei uns", sagte er, "aber
ein nötiges Flämmchen." Auf einmal sollte
das Flämmchen nicht mehr nötig sein?
~~Gut, daß Holger sie begleiten wird. Frenze~~

Der nächste Schritt, in Zukunft die neuen Texte von Kindern aus der Klasse auch zunächst als Entwurf anzusehen, der durch Vorlesen und Besprechen in einer kleinen Freundesgruppe – der Schreibkonferenz – zur Überarbeitung kommen würde, erschien den Kindern jetzt ganz selbstverständlich.

Und daß von nun an die Kinder für ihre Erstfassungen von Geschichten (die jetzt „Entwürfe" hießen) entsprechendes „Entwurfspapier" benutzen würden, war ebenfalls sonnenklar. In der Regel handelte es sich dabei um spendiertes Computerpapier oder ähnliches, was von vielen Kindern nur in jeder zweiten Reihe beschrieben wurde, damit man später gut Ergänzungen hineinschreiben konnte.

Denn, daß es immer wieder einmal Stellen geben würde, an denen ein Text verbessert werden könnte, war den Kindern in vielen Klassen aus eigener Erfahrung schon insofern klar geworden, als nach dem Vorlesen von „unbearbeiteten Kindertexten" vor der ganzen Klasse schon mal Kommentare aufgetaucht waren wie: „Das hab ich nicht kapiert." Oder „Was hast du da gemeint?" Andere Kinder holten die Erfahrung, daß ein Text „veränderbar" ist, im Rahmen der ersten Schreibkonferenzen für sich nach.

Es mußte im übrigen nicht jeder angefangene Text, nicht jeder Entwurf durch die Schreibkonferenz gehen. Nur jeder Textentwurf, den das Kind veröffentlichen wollte, mußte in einer Schreibkonferenz vorgestellt und entsprechend bearbeitet werden, damit er „veröffentlichungsreif" würde.

Die ersten Schreibkonferenzen fanden in der Regel während der freien Arbeitsstunden in der „Schreibwerkstatt" (Schreib-Lese-Ecke...) oder auf dem Flur statt. Teilweise benutzten Kolleginnen dafür auch „Teilungsstunden", also solche Stunden, in denen jeweils nur die eine Hälfte der Klasse anwesend war. Besonders gerne ein- bzw. durchgeführt und auch als besonders ergiebig erlebt wurden Schreibkonferenzen in „Förderstunden", da hier die beratende Lehrerin einzelnen Kindern bzw. Arbeitsgruppen besonders intensive Unterstützung geben konnte. Zu diesen Förderstunden kamen übrigens nicht nur „Förderkinder", sondern auf Einladung oder besondere „Erlaubnis" hin, auch die Mitarbeiterkinder, die sich ein Kind für seine Schreibkonferenz gewählt hatte.

Bei den allerersten Schreibkonferenzen versuchten die Kolleginnen ganz direkt dabeizusein, um den Kindern für das Vorgehen helfend Anregungen geben zu können. Später breiteten sich die "Schreibkonferenzregeln" dann im „Schneeballsystem" durch die Klasse aus. In vielen Klassenräumen wurden sie als „Konferenzregeln" in einem Punktekatalog festgehalten.

Im folgenden berichtet Jutta Schwenke, Lehrerin einer dritten Klasse in Berlin-Neukölln, wie sie die Einführung von Schreibkonferenzen mit ihren Kindern erlebte.

„Mein Schreibkonferenz-Tagebuch

1.10.90

... Bislang habe ich die Einführung der Schreibkonferenzen von Woche zu Woche verschoben, bis mir die Kinder zu Hilfe kommen.

Timo und Maurice fragen mich, ob sie eine Geschichte schreiben können. Ich bin natürlich sehr erfreut darüber. Timo sagt aber gleich, daß er die Geschichte dann nicht vorlesen möchte, da die anderen ihm nicht glauben würden, daß er das Ufo, über das er schreiben möchte, wirklich gesehen hat. Sven schreibt nun auch darüber, und auch Dennis entschließt sich zum Geschichtenschreiben.

7.10.90

Genaue häusliche Vorbereitung für die erste Schreibkonferenz, die morgen stattfinden soll. Ich formuliere am Schreibtisch ziemlich genau vor, was ich den Kindern morgen alles dazu erzählen will, damit sie auch ja dieses Konzept annehmen und ich nichts Wesentliches vergesse.

Zur Absicherung: Telefonat mit meiner Kollegin Hauke, der ich auch die ersten „Geschichten" vorlese und sie frage, was sie zu diesen Texten sagen würde, die ich recht kurz und dürftig finde. Sie findet sie gar nicht so schlecht.

Erwarte ich immer gleich zuviel?

8.10.90

In zwei Teilungsstunden erkläre ich den Kindern, wie wir im Unterschied zu den beiden letzten Jahren mit dem Schreiben von Geschichten verfahren werden. Obwohl ich recht lange rede, hören mir alle sehr aufmerksam zu und sind schwer beeindruckt von den Begriffen „Schreibkonferenz" und „Mitarbeiter". Mit den Kindern, deren Texte fertig sind, mache ich dann die ersten Schreibkonferenzen; die anderen arbeiten an ihren Pflicht- bzw. Wahlaufgaben. Zu meiner großen Freude wollen ganz viele Kinder eine Geschichte schreiben.

Bei den Schreibkonferenzen bin ich begeistert, wie ernsthaft die Kinder bei der Sache sind und welche guten Ideen sie haben, um die Entwürfe zu verbessern. Ich bin da sehr zufrieden, sehr entspannt und ausgeglichen bei der Sache. Erstaunt bin ich, daß keiner meckert, daß er die Geschichte noch einmal fehlerfrei abschreiben muß.

10.10.90

Täglich finden Schreibkonferenzen statt, da so viele Geschichten geschrieben werden.

12.10.90

Erste Veröffentlichungsstunde!

Mein Schaukelstuhl, den ich als „Motivationsfaktor" mitgebracht habe, wäre, glaube ich, gar nicht nötig gewesen, da die Kinder auch so hoch motiviert sind, ihre Geschichten zu veröffentlichen. Aber trotzdem: Das vorlesende Kind darf sich in den „Dichterstuhl“ setzen und darin vorlesen. Vielleicht ist er ja für spätere Zeiten, wenn die erste Begeisterung vorbei ist, doch ganz nützlich. Fünf Kinder lesen vor. Tatjana hat zuerst Hemmungen, liest dann aber doch. Zunächst wird nach den Geschichten Beifall geklatscht. Viele Äußerungen zu den Texten gibt es noch nicht.

18.10.90

Nicole liest in der Schreibkonferenz ihre, wie ich finde, nichtssagende Geschichte vor. Danach erzählt sie noch etwas Witziges dazu, was ich zum Anlaß nehme, sie zu fragen, ob sie das nicht aufschreiben will. Dadurch würde die Geschichte viel lustiger werden.

Sie stimmt zu, was mich erstaunt. Ich hatte befürchtet, daß sie mault, weil sie keine Lust hat, noch mehr zu schreiben.

Dieses Beispiel ist mir eine große Bestätigung für die Schreibkonferenzen. So etwas wäre im herkömmlichen Aufsatzunterricht nicht möglich gewesen. Da hätte ich dann wahrscheinlich unter ihren Aufsatz lediglich geschrieben: In Deinem Aufsatz fehlt der Höhepunkt, die Spannung.

Aber geholfen hätte ihr das sicherlich nicht.“

Julians erste Schreibkonferenz oder Wichtige Regeln für den Ablauf von Schreibkonferenzen

Fast alle Schreibkonferenzklassen entwickelten für diese Art gemeinsamer Arbeit am Text gewisse Regeln bzw. Rituale. Den Kindern waren sie eine wichtige Orientierung, die die Ernsthaftigkeit und Professionalität ihres Vorgehens betonte sowie ihnen Aussicht auf Erfolg signalisierte. Den Lehrerinnen gaben sie eine gewisse Sicherheit, daß die Kinder mit Hilfe eines solchen roten Fadens ihren Weg durch den Text finden würden.

In vielen Klassen entstanden solche Vereinbarungen ganz nebenbei während der ersten Konferenzen anhand von Vorschlägen, die entweder von den Kindern kamen oder von der beratenden Lehrerin eingebracht wurden. Sie wurden dann für weitere Konferenzen im bekannten Schneeballsystem an die übrigen Mitarbeiter weitergegeben. In manchen Klassen wurden diese Regeln nach einer ersten

Entwicklungs- und Erprobungsphase im Rahmen eines allgemeinen Kreisgespräches noch einmal auf ihren Sinn überprüft und danach offiziell als *Regeln für Schreibkonferenzen* beschlossen und zur Orientierung auf einem Plakat festgehalten.

Wie sahen nun typische Regeln für Schreibkonferenzen aus?

1. Schritt: Vorlesen – Spontanreaktionen zum Inhalt

Zu Beginn jeder Schreibkonferenz las das jeweilige Autorenkind grundsätzlich erst einmal den übrigen Mitarbeitern seinen Text vor. Darauf folgten stets erste spontane Reaktionen der zuhörenden Kinder, die sich ausschließlich auf den Inhalt bezogen. Hierbei konnte es sich um Zustimmung, Anerkennung, Mitgefühl, Freude am Erlebnis, Ablehnung, Nachfragen oder aber auch um ein Aufzeigen von Gegenpositionen handeln. In jedem Fall aber ließen diese Äußerungen eine authentische Reaktion auf den Text erkennen, und zwar mit einem so deutlichen Interesse am Inhalt, wie es einer Lehrerin aus ihrer Erwachsenenperspektive nicht möglich gewesen wäre. Diese Art der anteilnehmenden Reaktion war für das Autorenkind als emotionale Bestätigung wichtig.

Anschließend wurden in der Regel vertiefende Fragen zum Verständnis des Textes gestellt. Auf entsprechende Erklärungen des Autorenkindes dazu bürgerte sich sehr schnell der Hinweis von Mitschülern ein: „Dann schreib es doch so auf, wie du es mir jetzt erklärt hast. Jetzt habe ich es nämlich kapiert."

Die Kinder erwarben dabei beiläufig die Technik, sich durch Sternchen oder Nummern im Text bzw. am Ende der Seite die Stellen zu markieren, an denen inhaltliche Veränderungen vorgenommen werden sollten.

2. Schritt: Satzweises Durchgehen des Textes unter sprachlichen und inhaltlichen Aspekten

Der nächste Schritt war das satzweise gemeinsame Durchgehen des Textes, wobei neben weiteren inhaltlichen Unklarheiten besonders sprachliche Aspekte bedacht werden sollten. Hierbei hatten anfänglich die Hinweise der beratenden Lehrerin Vorbildfunktion für die beteiligten Kinder, die sich später bei anderen Schreibkonferenzen an diesen Hinweisen orientierten.

Während der ersten Konferenzen standen zum Beispiel regelmäßig die Gliederung eines Textes in Sätze, die Satzanfänge selbst bzw. die Satzanschlüsse im Vordergrund der Besprechungen. Stereotype Wendungen wie „Und da... Und dann... Da... Dann" wurden als „sichtbar gewordener Ausdruck des Nachdenkens beim Schreiben" gewertet. Sie konnten beim Überarbeiten des Textes entweder gestrichen werden (da sie keinen Informationswert besaßen) oder aber durch Wendungen, die zum Beispiel eine zeitliche Relation oder eine Begründung ausdrücken, ersetzt werden.

Danach standen häufig Probleme mit sogenannten „treffenden Wörtern“ bzw. Wortwiederholungen im Vordergrund sowie Überlegungen, wie man einen Text spannender, lebendiger oder lustiger schreiben könne. Auch Fragen, wie man einen guten Anfang oder Schluß zu einer Geschichte finden könne, wurden diskutiert. Aspekte des Zeitenwechsels wurden von den Kindern in der Regel erst im vierten Schuljahr thematisiert.

In den meisten Klassen wurden solche Erkenntnisse aus Schreibkonferenzen nach und nach mit den Kindern gemeinsam zu „allgemeinen Schreibhinweisen“ zusammengefaßt und als Plakate zur Beachtung während des Schreibens bzw. während der Konferenzen an die Klassenwand gehängt.

> ***Achtung - Aufgepaßt - Wichtig***
>
> ***Denkwörter (und dann, da, ...) kannst Du meistens weglassen oder durch treffendere Ausdrücke ersetzen!***
> ***Zum Beispiel: danach, anschließend, später, schließlich, endlich, nach einiger Zeit ... deshalb, darum, deswegen***

In vielen Klassen erhielten die so entstandenen Sammlungen von Schreibtips von den Kindern so beziehungsvolle Namen wie

Geheimnisse des guten Schreibens oder
Das Geheimnis einer guten Geschichte.

In anderen Klassen wurden für die Tischgruppen „Schreibtips“ in Karteiform hergestellt, so daß sich die arbeitenden Kinder bei Bedarf direkt am Tisch daran orientieren konnten. Eine Reihe solcher „Schreibtips“ findet man in der Grundschulzeitschriften, Heft 30, 1989 Friedrich Verlag, Seelze.

Deutsch — Tips zum Schreiben 1

Hilfe! *Ich weiß nicht, worüber ich schreiben könnte...*

Schließe Deine Augen.
Stell Dir etwas Schönes (etwas Aufregendes) vor.
Male es auf oder erzähle einem Mitschüler, einer Mitschülerin davon.
Überlegt gemeinsam, ob diese Vorstellung eine gute Geschichte werden könnte.

Hast Du etwas geträumt in der letzten Nacht?
Schreib Deinen Traum auf.

Hast Du in der letzten Woche etwas Besonderes erlebt, oder hat Dich etwas sehr traurig gemacht?

Schreib darüber!

Deutsch — Tips zum Schreiben 2

Hilfe! *Ich weiß nicht, worüber ich schreiben könnte...*

Wofür interessierst Du Dich besonders?
Für Tennis? Für Raubtiere?

Für ______________________________

Darüber weißt Du bestimmt eine ganze Menge! Sicher mehr als andere Kinder.

Schreib auf, was Du alles darüber weißt, was Dich besonders beeindruckt daran, weswegen Du Dich gerade dafür interessierst!

Du kannst dazu auch erst noch einmal in einem Lexikon oder in einem Sachbuch nachschlagen.

Deutsch — **Tips zum Schreiben 3**

Hilfe! *Meine Geschichte ist zu langweilig …*

Geschichten wirken oft langweilig, weil man sich die Dinge, die darin erzählt werden, gar nicht richtig – nicht genau genug – vorstellen kann.

Um Dinge oder Ereignisse lebendig werden zu lassen, mußt Du «mit allen Sinnen» erzählen: also beschreiben,
- wie sich etwas anhört oder anfühlt,
- wie etwas riecht oder schmeckt
- wie etwas aussieht oder sich anfäßt.

Zum Beispiel schrieb Daniela zuerst:

Mein neues Rad ist schön.

Später hieß es stattdessen:

Mein neues Rad leuchtet wie ein Regenbogen

Deutsch — **Tips zum Schreiben 4**

Hilfe! *Ich finde keinen Schluß zu meiner Geschichte …*

Einen guten Schluß zu finden ist oft wirklich schwer.
Du kannst Dir damit helfen:

- Schreibe im letzten Satz Dein Gefühl zu dem Ereignis, der Handlung oder den Personen in Deiner Geschichte auf.

  Oder

- Schreibe Deine Meinung zu der beschriebenen Sache auf. Tim hat zum Beispiel einmal geschrieben:

Und ich mag meinen Freund Olaf doch gut leiden, auch wenn es meinen Eltern nicht paßt.

Deutsch — **Tips zum Schreiben 5**

Hilfe! *Mir fallen keine passenden Wörter ein. Und außerdem sind meine Satzanfänge immer gleich.*

Macht Euch in der Klasse eine Liste mit guten Satzanfängen.

In dieser Liste (oder Kartei) könnt Ihr dann – bei Bedarf – nachschauen und (mit einem anderen Kind gemeinsam) überlegen, welche Satzanfänge passend wären.

Für die «treffenden Wörter» legt Ihr Euch am besten auch so eine Liste oder Kartei an.

PLAKAT

Gute Satzanfänge
Klasse 3c
danach,
anschließend,
nun,
jetzt,
später
……
deswegen
deshalb
………
……

Darin sammelt Ihr zum Beispiel Ersatzwörter für «gehen»:

laufen, schlendern, wandern, humpeln

Deutsch — **Tips zum Schreiben 6**

Wörterersartzkarte

Wörter für sagen
rufen, schreien, brüllen
fragen, antworten, erwidern
flüstern, meinen, murmeln,
entgegnen, sprechen, schimpfen,
bitten, meckern, flehen

Beispiel einer von Kindern einer dritten Klasse geschriebenen Wörterersatzkarte

3. Schritt: Satzweise Rechtschreibkontrolle

In einem dritten Textdurchgang wurden die Rechtschreibprobleme in Angriff genommen. Dabei konnte sich das Autorenkind entscheiden, ob es diesen Schritt allein bewältigen oder aber die Überprüfung zusammen mit den Mitarbeitern durchführen wollte. Aus der Erfahrung heraus, daß sechs Augen mehr sehen und drei Köpfe mehr wissen als ein Einzelkämpfer, entschieden sich die meisten Kinder auch in Sachen Rechtschreibkontrolle für ein gemeinsames Vorgehen.

Wichtiges Hilfsmittel war dabei das in der Klasse benutzte Wörterbuch, das bei Problemen herangezogen werden sollte. In den meisten Klassen klappte das selbständige Nachschlagen nicht gleich von Anfang an, sondern bedurfte einer Zeit des regelmäßigen Einübens. Manche Kolleginnen unterstützten während dieser Phase einzelne Konferenzen, indem sie bestimmte Wörter mit einem Punkt versahen, als Hinweis darauf, diese Schreibweisen im Wörterbuch zu überprüfen.

4. Schritt: Endredaktion

Erst der auch orthographisch überarbeitete Entwurf wurde vom Autorenkind der Lehrerin in das Körbchen mit dem Titel „Endredaktion“ gelegt. Diese „Endredaktion“ sah vor, daß die Lehrerin vor allem nicht entdeckte Rechtschreibabweichungen kennzeichnete bzw. im Rahmen eines kurzen Einzelgespräches mit dem Kind durchsprach. Denn natürlich blieb auch nach der Schülerdurchsicht noch ein Teil der Schreibweisen korrekturbedürftig. Inhaltliche oder stilistische Hinweise wurden in der Regel nur auf Anfrage gegeben, zumal eine weitere Würdigung ohnehin noch in der „Autorenstunde“ erfolgen würde.

Erst jetzt, nach der Endredaktion, war der Text „veröffentlichungsreif“; das heißt, er konnte auf spezielles „Veröffentlichungspapier“ (von den Kindern hergestellte Schmuckbogen) übertragen werden, um in der nächsten allgemeinen „Veröffentlichungsstunde“ (Dichterlesung/Autorenstunde) dem kritischen Klassenpublikum vorgelesen zu werden.

5. Schritt: Veröffentlichungsstunde

Der letzte Schritt des gemeinsamen Arbeitsprozesses am eigenen Text – nämlich die von den Kindern mit Spannung und Aufregung erwartete Veröffentlichung des Textes durch Vorlesen mit anschließender Diskussion darüber im Klassenverband – ist für das Gelingen der Arbeit mit Schreibkonferenzen von so existentieller Bedeutung, daß ich dieser fünften Station ein eigenes Kapitel widmen werde.

Zuvor jedoch soll ein Mitschnitt aus einer Schreibkonferenz einen Eindruck von der Ernsthaftigkeit und Konzentration vermitteln, mit der sich bereits Drittkläßler Anfang des Schuljahres mit ihren Texten auseinandersetzen. Der Mitschnitt entstand dadurch, daß auf dem Schreibkonferenztisch ein Kassettenrecorder stand und „einfach mitlief“. Die Lehrerin Christa Marx, die während der Aufnahme an einer anderen Schreibkonferenz teilnahm, unterzog sich anschließend der mühsamen Arbeit, den Mitschnitt zu verschriften, da sie selbst neugierig war, wie diese Kindergruppe – ohne Anleitung bzw. Hilfestellung – ihre erste Schreibkonferenz durchgeführt hatte.

Natürlich wurden in dieser ersten Schreibkonferenz von den Mitarbeiterkindern noch nicht alle der in den vier Schritten aufgeführten Überarbeitungsaspekte berücksichtigt. Hierbei handelt es sich ja um einen Lernprozeß, bei dem erst im Laufe der Zeit durch die Verarbeitung von Konferenz- und Veröffentlichungserfahrungen zunehmend mehr Gesichtspunkte der Textüberarbeitung und -strukturierung von den Kindern in ihr individuelles Texterstellungs- und -überarbeitungsrepertoire integriert werden. Und trotzdem beachteten die Kinder bereits eine Vielzahl unterschiedlicher Aspekte bei ihrer zugleich kritischen und liebevollen Begutachtung des Textes.

Dabei handelte es sich nach Aussagen der Lehrerin um eine Klasse mit einer äußerst problematischen sozialen Situation in einem sozialen Brennpunktbezirk Berlins (neben polnischen und libanesischen Kindern sind über 30 % der Kinder der Klasse türkischer Nationalität; starke Verhaltensschwierigkeiten als dominantes Kennzeichen des Schulalltags; extrem schwache Lernvoraussetzungen für den Schriftspracherwerbsprozeß zu Beginn des ersten Schuljahres; sehr zeitaufwendiges und emotional gestütztes Lernen erforderlich; Schreibvorerfahrungen selbst so gut wie nicht vorhanden).

Christa Marx
Dokumentation einer Schreibkonferenz – Analyse eines Schreibprozesses im dritten Schuljahr

„Julian, ein lebhafter Junge, der sich so schnell nicht die Butter vom Brot nehmen ließ, begann sehr spät, eigene Texte zu schreiben. Seine erste Geschichte „Das Gespenst im Trinkpäckchen" entstand erst, nachdem ich ihm ein Zeitlimit gesetzt hatte, bis zu dem er einen Text fertiggestellt haben sollte.

Seine nächste Geschichte entwickelte er in den folgenden freien Arbeitsstunden, wobei er seine Vorüberlegungen intensiv mit Thomas austauschte. Da es ihm nicht leichtfiel, sich für ein bestimmtes Thema zu entscheiden, führten die beiden Jungen erst einmal eine Art Themenfindungs- bzw. Themenstrukturierungskonferenz durch. Thomas' Ratschlag lautete: „Man muß erst überlegen, was einen wirklich interessiert." Durch die ausführlichen Vorüberlegungen dauerte Julians Themenfindungsprozeß fast 45 Minuten.

Nachdem Julian sich jedoch entschlossen hatte, einen Text über sein Häschen, Claudia Träumer Renz, zu schreiben, wurde die Beobachtung seines Schreibprozesses für mich als Lehrerin ausgesprochen spannend.

Im Gegensatz zu den meisten seiner Mitschüler stürzte sich Julian nämlich nicht sofort auf den Entwurf, sondern konzipierte zunächst einmal seine Erzählperspektive. Er überlegte und beriet lange darüber, ob er den Text, dessen Überschrift „Lebenslauf von meiner Häsin" bereits feststand und auch nicht mehr geändert wurde, aus seiner Sicht oder aber aus der Perspektive der Häsin schreiben sollte. Nachdem er sich für die Berichterstatterperspektive entschieden hatte, setzte er sich hin und schrieb den folgenden Text ohne Unterbrechung zügig auf.

Lebenslauf von meiner Häsin

Claudia Träumer Renz
Geburtstag unbekannt
Wohnt Alt-Moabit 129, 1000 Berlin 21, bei Renz.
Frißt am liebsten Heu! Glaub ich wenigstens.
Manchmal rast sie wie 'ne Wilde durchs Wohnzimmer.
Sie läuft fast immer hinter mir her.
Und sie hat ungefähr dreimal das Telefonkabel zerbissen.
Sie hat Schlappohren.
Weiter weiß ich nicht.

Julian wählt also eine knappe, sachliche Darstellungsform (Telegrammstil). Durchgängig benutzt er dabei die Gegenwartsform. Später, als er ein Erlebnis hinzufügt, setzt er dieses instinktiv in die Vergangenheit. Optisch hält er eine übersichtliche Gliederung ein.

Schreibkonferenz Teil 1 (Inhalt)

Julian wählt Thomas und Volkan als Partner für seine erste Schreibkonferenz aus. Zunächst liest er ihnen seinen Text vor, den die Kinder anschließend inhaltlich hinterfragen.

Julians letzter Satz: „Weiter weiß ich nicht" fordert seine Mitarbeiter geradezu heraus, noch weitere Informationen über Claudia Träumer Renz zu erfragen. Entsprechend eröffnet Volkan nach dem Vorlesen das Gespräch:

Volkan: Mal gucken. Lies mal vor. Vielleicht kann man da noch was dazu schreiben. Ja, was macht denn euer Hase so immerzu? Geht sie nicht raus? Spazieren oder so?

Julian: Zweifel durch seine Stimme ausdrückend: Raus? Also, einfach so die Treppe 'runter und nach draußen?

Volkan: Ja!

Julian: Da würde die doch weglaufen!

Volkan: Habt ihr keine Leine?

Julian: Nein. Also – ich gehe mit meinem Häschen im Sommer 'raus.

Volkan auffordernd: Schreib's doch auf ‚Ich gehe immer mit meinem Hasen im Sommer 'raus.'

Julian zustimmend, aber noch überlegend: Hmm . . .

Volkan: Oder noch andere Sachen. Meinst du, dein Hase frißt nur Heu und läuft dir hinterher und beißt die Kabel durch? Sie macht doch noch was anderes: Schlafen und so . . . wie sie schläft!

Thomas meldet sich nun auch zaghaft zu Wort und macht weitere Vorschläge: Hat sie auch 'ne Spielstunde oder sowas? 'Ne Streichelstunde?

Julian: Sie spielt doch immer. Und ich hab fast noch nie gesehen, wie sie schläft. Bloß einmal oder zweimal –. Einmal bin ich nachts aufgewacht. Da bin ich zu ihr hingegangen und hab geguckt. Da lag sie so, hatte ihre Beine ausgestreckt, lag so auf der Seite; der Kopf so nach oben, und der Bauch hat sich bewegt, und die Augen waren geschlossen.

Volkan begeistert: Schreib das doch hin!

Julian: Hm! Gut!

Nachdem Julian seinen Text entsprechend ergänzt hat – der Satz „Weiter weiß ich nicht" war schon längst dem Radiergummi zum Opfer gefallen –, liest er ihn seinen Mitarbeitern nochmals vor. Dabei lesen Volkan und Thomas mit und korrigieren bereits auffallende Rechtschreibfehler (Satzschlußzeichen u. a.). Wieder werden inhaltliche Fragen formuliert und geklärt. So fragt Volkan jetzt nach der Bedeutung des Zunamens der Häsin.

Volkan: Träumer? – Träumt die immer?
Julian: Also, wenn sie im Stall nichts zu tun hat oder so, sitzt sie in der Ecke und hat ihre Augen fast zu und träumt wahrscheinlich.
Volkan: Also – die schläft bestimmt – wegen dem ganzen Rumtoben!

Auffällig oft wird verlangt, daß das Autorenkind den gesamten Text noch einmal vorliest. Die Sätze werden so stets im Gesamtzusammenhang gesehen und nicht isoliert behandelt. Nachdem der Text abermals vorgetragen wurde, greift Volkan wieder auf den Anfang zurück und fragt nach dem „unbekannten Alter". Er will es genau wissen.

Volkan: Alter unbekannt – wo steht denn das nochmal?
Julian: Hier. Ich weiß nicht genau, wann sie geboren ist.
Thomas: Also, wie viele Wochen ist sie alt?
Julian überlegt: Also, jetzt ist sie, glaub ich – ich weiß nicht genau – – sieben Monate oder älter.
Volkan: Schreib doch einfach: So 7½ oder 8½ dahin.
Julian: Also, ich weiß nicht. Ja – wenn, dann würde ich schreiben, wann sie geboren ist. Also nicht, –
Volkan unterbricht: Also 1900 –
Julian: Ja, also irgendwann 1989 ist sie geboren.
Thomas: Ja, wann?
Julian: Also. Ich habe sie sieben Tage vor den Sommerferien – also ich meine, sieben Tage vor dem Schluß der Sommerferien gekriegt. Da war sie, glaub ich, genau einen Monat alt.
Volkan: Oh, wann war'n denn die Dingsda, die Dings zu Ende?
Unterbricht sich selbst: Ah, das können wir vielleicht nachher besprechen.
Thomas: Was frißt denn dein Häschen?
Volkan: Ja, genau! Frißt sie nur Heu? Trinkt sie kein Wasser oder so?

Julian erzählt im folgenden, was seine Häsin frißt. Den Begriff Trockenfutter muß er ausführlich erklären. Anschließend werden ihm Vorschläge gemacht, wie er vermeiden kann, daß sein Häschen die Blumen anknabbert.

Volkan: Ja, dann ist es fertig. Dann müssen wir es, glaub ich, Frau Marx geben.
Julian/Thomas: Nein! Wir müssen erst noch nach den Fehlern gucken.
Volkan: Gut, ja – dann müssen wir alle gucken!

Da die Stunde zu Ende ist, werden die formalen Aspekte des Textes von den Kindern in der nächsten Stunde bearbeitet.

Auffällig ist für mich, als Lehrerin, das durchgängige Interesse, das die Teilnehmer der Schreibkonferenz zeigten. Sie blieben stets aufmerksam bei der

Während der Schreibkonferenz

Sache, zeigten keine Ungeduld und fanden selbst nach dem dritten und vierten Vorlesen immer wieder Punkte, die sie genauer betrachteten und hinterfragten, auch wenn die Erklärungen dann nicht im Entwurf festgehalten wurden.

Schreibkonferenz Teil 2 (Rechtschreibung)

Julian: Lies den Text insgesamt noch einmal vor.
Volkan: O. K. Jetzt schauen wir uns das mal an.

Gemeinsam beginnen Thomas, Julian und Volkan den Text langsam, Wort für Wort, vorzulesen. Undeutlich geschriebene Zahlen (Hausnummer) und Buchstaben (R bei Renz) werden beanstandet und deutlicher markiert. Die folgenden zwei Sätze „Frißt am liebsten Heu. Glaub ich wenigstens." werden ausgelassen, da Volkan sich spontan zu einem Rechtschreibproblem äußert, das er entdeckt hat.

Rechtschreibproblem: Wohnzimmer
Volkan: Was soll denn das sein? Zimmer?
Julian: Ja.
Volkan: Zimmer ist falsch! (. . . in ganz bestimmtem Ton)
Julian: Hmm?
Thomas: Wo? Was? (Thomas weiß nicht gleich, worum es geht, da er den Text chronologisch überprüft.)
Volkan: Groß wird das geschrieben und mit zwei „m"!
Julian: Wohnzimmer? Ach ja, O. K. Zwei „m" – aber – Wohnzimmer wird nicht klein geschreiben. Das gehört zusammen.

Wenig später: ein weiterer Verdopplungsfehler
Volkan: „Immer" wird mit zwei „m" geschrieben.

Julian: Ach ja.
Kommentar der Lehrerin:
Die Kinder wenden behandelte Rechtschreibregeln an: Zusammengesetzte Nomen schreibt man groß. Verdopplung folgt auf kurze Vokale. Das Dehnungs-h in „Wohnzimmer" wird nicht erkannt.

Danach problematisiert Volkan ein weiteres Rechtschreibproblem.
Rechtschreibproblem: zerbissen
Volkan: Also, wo war'n wir?
Julian: Zerbissen.
Volkan: Ich glaube – – das wird mit langem „i" geschrieben. Zerbi/e/ssen.
Thomas und Julian machen daraufhin gemeinsam eine Sprech- und Hörprobe: Zerbissen? Zerb/ie/ssen? Zerbissen?
Alle: Zerbissen.
Einstimmiger Beschluß aller: Kurz!
Volkan: Also, das ist doch richtig: zerbissen! Weiter!
Kommentar der Lehrerin:
Das Problem langes oder kurzes „i" wird zwar eindeutig gelöst (Sprech- und Hörprobe), die Verdopplung des „s" jedoch nicht mehr berücksichtigt, so daß das Rechtschreibproblem nicht vollständig gelöst wird.

Rechtschreibproblem: Schlappohren
Volkan: Sie hat Schlappohren. Das große „s" muß weg, weil, es muß klein sein!
Thomas: Wie ist es? Schlapp.
Volkan: Jetzt schreib mal schlapp hin mit kleinem „s".
Anschließend verbessert Julian die „Öhren" zu „Ohren", aber wo steht das „h"?
Volkan: O-R-H-E-N. Da kommt erst das „r" und dann das „h". Warte! Warte! man sagt doch „OHR". Da hört man auch zuerst das „r" (O-R-H). Also, siehst du, weg!
Thomas: Wird Ohr nicht so geschrieben O-H-R?
Thomas' Einwand wird ebenfalls berücksichtigt, also O-R-H-R-E-N.
Kommentar der Lehrerin:
Das Nomen „Schlappohren" bietet viele Problemzonen:
- Groß-/Kleinschreibung
- Zusammengesetzte/getrennte Schreibweise
- Dehnung
- Verdopplung (pp).

Nachdem Thomas mit seiner Frage den Scheinbeweis erbracht hatte, daß es sich hierbei um ein Wiewort handle, wurde die Großschreibung nicht länger in Betracht gezogen, obwohl die Schreibweise eines zusammengesetzten Nomens gerade vorher richtig bearbeitet worden war (Wohnzimmer).

Allen drei Kindern war offensichtlich klar, daß ein „h" zum Ohr gehört, doch wo war sein Platz? Volkan bestimmte mit seinem „Scheinbeweis: Singularform" recht dominant dessen Stellung nach dem „r". Aber auch Thomas bestand auf seiner Sichtweise, so daß das „r" zweimal auftauchte (Orhren). Nicht erkannt wurde die auslautende Schreibweise von „schlapp". Weder die Verdopplung (pp/bb) noch die Verhärtung (pp) wurden berücksichtigt.

Lebenslauf von meiner Häsin

Claudia Treumer Renz

Geburtstag unbekant

Wont Alt – Moabit 10 129 1000 Berlin 21 bei Renz

Frist am libsten Heu! Glaub ich. ~~wenigstens~~

Manchmal rast sie wie 'ne wilde durchs Won ~~zimmer~~ Zimmer

Sie läuft fast ~~imer~~ immer hinter mir her.

Und siehat ungefähr drei mahl das Telefon kabel zerbisen.

Sie hat schlab Orhren.

Einmal bin ich Nachts aufge- nacht. Und bin zu ihr hingegang. Sie lag auf der Seite. Sie hate ihre Beine ausgestregt und ihre Augen waren zu. Ihr Bauch bewekte sich.

Entwurf und Endfassung

Lebenslauf von meiner Häsin

Claudia Träumer Renz,
Geburtstag unbekannt
wohnt Alt-Moabit 129, 1000 Berlin 21 bei Renz,
frißt am libsten Heu – glaub ich wenigstens

Manchmal rast sie wie eine Wilde
durchs Wohnzimmer.

Sie läuft fast immer hinter mir her.

Und sie hat ungefähr dreimal das
Telefonkabel zerbissen.

Sie hat Schlappohren.

Einmal bin ich nachts aufgewacht und
bin zu ihr hingegangen.

Sie lag auf der Seite. Sie hatte ihre Beine ausgestreckt
und ihre Augen waren zu.
Ihr Bauch bewegte sich.

Sie hat schon ein paarmal die Blumen
angeknabbert.

Julian

Für mich als Lehrerin sind dabei die Gespräche der Kinder über die verschiedenen Rechtschreibprobleme äußerst aufschlußreich. Ihre Überlegungen machen deutlich, daß eine vorschnelle Fehleranalyse, die sich nur auf das „Oberflächenergebnis: falsche Schreibweise" bezieht, dem sich dahinter verbergenden komplexen „Rechtschreib-Überlegungs-Prozeß" überhaupt nicht gerecht werden kann.

Hinter den objektiv feststellbaren Fehlern (Wonzimmer, zerbisen, schlab Orhren) werden ohne eine solche Prozeßanalyse die Lösungsstrategien und Regelanwendungen, die die Kinder bereits beherrschen und angewandt haben, nicht deutlich.

Da die Aufzeichnung nicht in meinem Beisein stattfand, ich die falsch korrigierten Schreibweisen also nicht sofort problematisieren konnte, fand eine abermalige Kurzkonferenz statt, bei der zur Klärung von den Kindern die Wörterbücher hinzugezogen wurden."

Lohn der Arbeit – Die „Veröffentlichungsstunde"

Ohne sie geht es nicht – ob sie nun „Veröffentlichungsstunde", „Dichterlesung" oder „Autorenstunde" genannt wird; das spielt keine Rolle – nur stattfinden muß sie! Und zwar regelmäßig – einmal die Woche!

Das meinen jedenfalls die Kinder, die, wie mir immer wieder Kolleginnen berichten, auch dann auf ihrem „Veröffentlichungsrecht" bestehen, wenn die Klassenlehrerin einmal krank ist. Dann wird eben bei der Vertretungslehrerin „veröffentlicht".

Was macht den besonderen Reiz dieser Stunde für die Kinder aus?

Einerseits ist die Autorenlesung in den meisten Klassen eine feierliche Angelegenheit: ein neuer Text wird vorgestellt! Da sitzen die Kinder dicht beisammen im Kreis, in manchen Klassen sogar bei Kerzenlicht oder Blumenstrauß, in anderen bei Saft und Keksen – und warten neugierig auf die neuesten Produktionen der Klasse. Das „Autorenkind" sitzt im „Dichterstuhl" und hat alle Aufmerksamkeit nur für sich – der Lohn für die Mühe!

Andererseits erleben die meisten Kinder – speziell natürlich die jeweiligen Autorenkinder – diese Zeit gleichzeitig als eine „Stunde der Bewährung", als eine Stunde, der sie aufgeregt-ängstlich entgegenfiebern. Denn:

Wird die Geschichte dem kritischen Klassenpublikum standhalten?

Werden die Kinder alles verstehen?

Wurden die vereinbarten „Schreibtips" beachtet?

Wird es wegen verbliebener Unklarheiten viele Nachfragen geben?

Werde ich den Text so vorlesen können, daß er einen guten Eindruck hinterläßt?

Solche und ähnliche Gedanken gehen fast allen Autorenkindern vor ihrem „öffentlichen Auftritt" durch den Kopf.

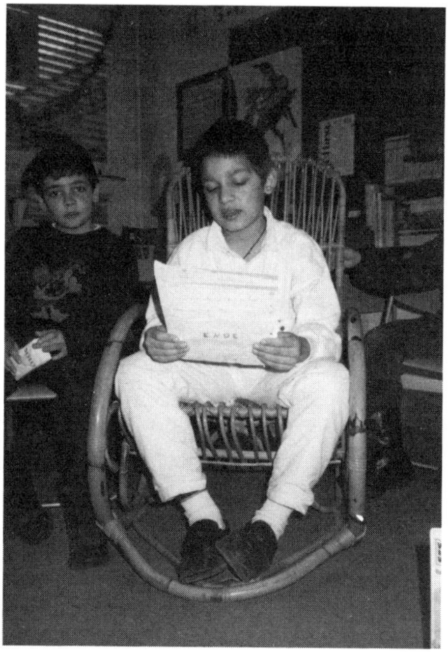

Julian während der Veröffentlichungsstunde im Dichterstuhl

Und trotzdem – trotz der damit verbundenen Aufregung, Angst und Spannung möchte kaum ein Kind diese Veröffentlichungsstunden missen. Dabei gehen die Zuhörerkinder durchaus nicht zimperlich mit den dargebotenen Texten um, sondern nehmen, angeregt durch die Erfahrungen in den Schreibkonferenzen, ihre Aufgabe sehr ernst.

Da heißt es dann schon mal: „Ich habe mitgezählt: Du hast in deiner Geschichte neunmal ‚und dann' geschrieben. Warum nimmst du dafür eigentlich nicht unsere Wörter aus der Liste?" Oder: „Ich finde deine Geschichte paßt gar nicht zu deiner Überschrift, und dann sind es eigentlich zwei Geschichten, die du geschrieben hast, man kommt beim Zuhören ganz durcheinander."

Grundsätzlich aber wurde in den meisten Klassen jede vorgetragene Geschichte erst einmal gebührend beklatscht. Diese Sitte bürgerte sich in vielen Fällen wie von selbst ein. Dann folgte die inhaltliche und stilistische Würdigung sowie auf Anfrage auch (besonders in den vierten Klassen) ein gemeinsames Gespräch über die mögliche Zensur für diesen Text. Den Abschluß des Gespräches über einen Text bildeten häufig ein abschließendes Lob sowie Anregungen für die nächste Geschichte.

So wurde Daniela am Ende ihres Veröffentlichungsgespräches zum Beispiel gefragt, worüber sie denn beim nächsten Mal schreiben wolle. Auf ihre zögernde Antwort: „Über unsere Fahrt nach Westdeutschland, wenn wir unser neues Auto abholen; aber ich weiß noch nicht, wie ich das machen soll“, bekam sie von Robert, der von dieser Idee ganz begeistert war, die Anregung: „Also, du nimmst dir Stifte und einen Schreibblock mit auf die Fahrt. Und immer, wenn unterwegs was Wichtiges passiert, schreibst du es gleich auf. Dann hast du hinterher schon ganz viele Ideen fürs Schreiben.“ Auf Danielas Einwand hin, daß sie während langer Fahrten häufig schlafe, erhielt sie die knappe Antwort: „Dann schreibst du eben immer, wenn du wach bist.“

Neben der für die Schreib- und Durchstehmotivation der Kinder zentralen Bedeutung der Veröffentlichungsstunden – ohne diese reale Adressatensituation würden sie sich der Mühe der Überarbeitung und Reinschrift kaum so intensiv unterziehen – bieten gerade diese Stunden der Lehrerin (neben ihrer zeitweiligen Teilnahme an Schreibkonferenzen selbst) besonders gute Möglichkeiten, den Kindern Anregungen und Hinweise für die Gestaltung zukünftiger Texte anzubieten. Gerade während dieser Zeit scheinen die Kinder besonders empfänglich für weiterführende Überlegungen zu sein. Denn freies Schreiben in Kombination mit Schreibkonferenzen zu praktizieren, bedeutet eben nicht, die Schreibentwicklung der Kinder dem Zufall zu überlassen, wie es dem freien Schreiben oft nachgesagt wird.

Gerade die Arbeit mit Schreibkonferenzen und Veröffentlichungsstunden birgt in sich besondere Chancen, dem einzelnen Kind durch die Gruppe und durch die Lehrerin jeweils dort Anregungen anzubieten, wo es mit seiner Textentwicklung gerade steht, es also tatsächlich dort abzuholen, wo es sich befindet und gemeinsam individuelle Wege für seine nächsten Entwicklungsschritte zu entwerfen.

Insofern scheint mir der hier beschriebene Weg besonders geeignet zu sein, alte, teilweise berechtigte Vorwürfe gegen das freie Schreiben grundlegend zu entkräften. Insbesondere bietet sich in der Vielzahl der real praktizierbaren dialogischen Möglichkeiten des individuellen Eingehens auf die speziellen Texte eines Kindes ein zu gleicher Zeit sachangemessenes, kindorientiertes und perspektivisch ausgerichtetes Verfahren für den Schreibunterricht an, wie es als Forderung schon lange erhoben wurde.

Die alte, aus dem Jahre 1910 stammende Gansbergsche Forderung „... daß nichts so sehr der Ausbreitung des freien Aufsatzes in den Schulen entgegensteht, als die Hilflosigkeit und Ziellosigkeit des Lehrers, der immer nur entgegennimmt, und gar nicht stilistische Anforderungen mit dem Niederschreiben verbindet... Erst wenn es uns gelingt, bestimmte Entwicklungsreihen durch die ganze Schulzeit nachzuweisen, kommen wir ... zu einer wirklichen Methodik des freien Schreibens" kommentierte noch 1969 Beinlich in seinem Grundlagenwerk lakonisch mit dem Satz: „Leider bietet sein Buch auch nur methodisches Stückwerk." (BEINLICH 1969, S. 406)

Wie sehen solche perspektivisch ausgerichteten, das individuelle Kind berücksichtigenden Anregungssituationen innerhalb der Veröffentlichungsstunden nun aus?

Zum einen ist aus den oben zitierten Kinderäußerungen einer solchen Autorenstunde deutlich zu entnehmen, daß die kindlichen Zuhörer nach einiger Zeit der Erfahrung mit Schreibkonferenzen und Veröffentlichungssituationen durchaus in der Lage sind, konstruktiv-kritisch mit den Texten ihrer Mitschüler/-innen umzugehen und ihnen weiterführende Anregungen zu geben. Diese Erkenntnis stellt in der Fachdidaktik kein Novum dar, allerdings eine immer wieder ver- oder zurückgedrängte Tatsache. So berichtete zum Beispiel 1975 Gottfried Schröter im obigen Sinne über die Ergebnisse seiner umfangreichen empirischen Untersuchungen zum Lehrer- vs. Schülerurteil bei der Bewertung von Aufsätzen an Grund- und Hauptschulen (ohne daß dieses weitreichende Auswirkungen gezeitigt hätte): „..., daß Schüler in der Beurteilung von Aufsätzen durch Zensuren und Kommentare auch nicht unterschiedlicher arbeiten als Lehrer. Die Kommentare erweisen sich häufig sogar als kräftiger und blutvoller als die manchmal zu Nörgeleien geronnenen Lehrerkommentare." (SCHRÖTER 1975, S. 49)

Zum anderen kann die Lehrerin im Rahmen von Veröffentlichungsstunden behutsam zum gemeinsamen Nachdenken über weitere „Geheimnisse des Schreibens" – wie Kinder es formulierten – anregen. Eine erprobte Idee ist es zum Beispiel, im Rahmen eines solchen öffentlichen Textgespräches durch eigenes entsprechendes Verhalten die „Sitte" einzuführen, ein nochmaliges Vorlesen einer bestimmten Textstelle oder Passage zu erbitten, weil einem dieser Teil so besonders gut gefallen habe, man selbst aber noch nicht genau herausgefunden habe, warum. Natürlich liest das Autorenkind diese Stelle gerne noch einmal vor, und gemeinsam kann überlegt werden, was der besondere Reiz des verwandten Stilmittels ist. Manche solcher Erkenntnisse, die für alle Kinder Bedeutung haben, können dann als „Schreibtips" auf Plakaten festgehalten werden.

Ganz sicher ist jedenfalls, daß im Gefolge solcher positiven Hervorhebungen nach einiger Zeit auch andere Kinder das gewürdigte Stilmittel in ihren Texten erprobend anwenden werden. Geht es in einem solchen Gespräch um eine bestimmte, bisher nicht benutzte Textsorte, kann man damit rechnen, daß in Zukunft sich auch andere Kinder an diese Textsorte herantrauen werden. Und genauso werden Kinder das Verfahren, eine Bitte zum Vorlesen besonders gelungener Passagen auszusprechen, um die besondere Qualität dieser Textstelle würdigen zu können, sehr bald selbst in Schreibkonferenzen und Veröffentlichungsgesprächen anwenden.

Sicherlich entstehen solche produktiven Textwürdigungsgewohnheiten nicht von heute auf morgen; derartig hohe Ansprüche an die erste Veröffentlichungsstunde oder Schreibkonferenz zu stellen, wäre völlig verfehlt. Gerade die Herausbildung metasprachlicher Verhaltensweisen braucht wegen ihres abstrakten Niveaus Zeit, Geduld und viel Erfahrungsspielraum.

Gaby Gerhard, Lehrerin einer dritten Klasse, berichtet von einem solchen Entwicklungsprozeß, bei dem die Kinder von ihren anfänglich sehr pauschal gehaltenen Urteilen im Laufe des ersten Schulhalbjahres mit Schreibkonferenzen und Veröffentlichungsstunden zu wesentlich differenzierteren Stellungnahmen gelangten.

„Die Veröffentlichungsstunde

An jedem Montag haben wir in der ersten gemeinsamen Stunde unsere Veröffentlichungsstunde.

Diese Zeit ist den Kindern außerordentlich wichtig!

Einige Kinder nehmen ihre Manuskripte sogar übers Wochenende mit nach Hause, um sie noch ins reine zu schreiben und so die Chance zu erhalten, sie am Montag vortragen zu können.

Ob mit oder ohne Blumen oder Kerzen, die Veröffentlichungsstunde hat immer die gleiche Attraktivität, und die Kinder bestehen auch darauf, wenn ich einmal krank bin.

Nachdem in den ersten Autorenstunden nur sehr allgemein gehaltene Bemerkungen zu den Geschichten gemacht wurden, wie z. B. „Deine Geschichte hat mir gefallen", „... war schön", „... hätte etwas länger sein können", habe ich mir überlegt, wie das zu ändern sei.

Vor der nächsten Veröffentlichungsstunde bat ich die Kinder, auf zwei Dinge besonders zu achten:

1. Wenn euch die Geschichte gefallen hat, sagt bitte genau, was ihr besonders schön, interessant ... oder spannend fandet.
2. Wenn ihr meint, die Geschichte sei zu kurz, sagt bitte genau, was ihr gerne mehr über das Thema hören würdet.

Seit diesen Hinweisen wurden die Bemerkungen der Kinder wesentlich konkreter. Die meisten Äußerungen beziehen sich auf den Inhalt; einige Kinder konnten aber bereits auch sehr gute Anregungen zu sprachlichen Formulierungen geben.

Nach einigen weiteren Veröffentlichungsstunden begann ich damit, am Ende so eines Textgespräches das Autorenkind zu fragen: „Was würdest du jetzt, nachdem du die anderen Kinder gehört hast, an deiner Geschichte ändern?"

Natürlich war nicht jedes Kind sofort in der Lage, Änderungsvorschläge zu formulieren. Einige zeigten jedoch durch ihre Äußerungen, daß sie wesentliche Hilfen aufgreifen konnten.

Ob sie diese Ideen auch in die Praxis umsetzen können, wird sich an den nächsten Texten zeigen. ...

Nach der Veröffentlichungsstunde kopiere ich jede Geschichte zweimal. Die Originale werden in einem Ordner gesammelt und dort gerne von den Kindern nachgelesen oder stolz den anderen Lehrern der Klasse gezeigt und vorgelesen.

Von den Kopien behalte ich eine, die andere bekommt das Autorenkind.

Inzwischen sind die Geschichten beliebte Geschenke für viele Gelegenheiten geworden."

In einigen Klassen werden die Texte später zu Büchern gebunden, Textausstellungen (Text der Woche...) organisiert oder auch besondere Dichterlesungen für Eltern oder Parallelklassen veranstaltet, was bei Vorlesern und Zuhörern besonders beliebt ist.

Schreibschwierigkeiten auch mit Schreibkonferenzen?

Einerseits lösen Begriffe wie *Freies Schreiben, Schreibkonferenzen, Schreibwerkstatt* u. ä. bei vielen Lehrerinnen – und das durchaus zu Recht – optimistische Erwartungen aus. Für ihre Kinder erhoffen sie sich zumindest eine höhere Schreibmotivation, größeren Erfolg beim Schreiben und mehr Freude an den Texten. Für sich selbst erwarten sie mehr Zufriedenheit mit dem eigenen Unterricht. Die vielen positiven Erfahrungen von Kolleginnen, die in den vergangenen Jahren mit dieser Art von Lernarrangement zum Schreiben in der Schule arbeiteten, lassen erkennen, daß solche Hoffnungen realistische Perspektiven sind.

Andererseits muß jedoch bei aller diesem Ansatz innewohnenden Produktivität vor einer Illusion gewarnt werden: Auch Schreibkonferenzen sind keine Garantie dafür, daß es nie Probleme geben wird. Schwierigkeiten, „Einbrüche", Stillstand..., eben Probleme, stellen ja ohnehin nichts Ungewöhnliches dar, sondern gehören quasi als beständiges Element zum (Schul-)Alltag dazu. Es ist gut, mit ihnen zu rechnen, um sie rascher bewältigen zu können. Allerdings – und das ist sicher ein weiterer Vorzug der Arbeit mit Schreibkonferenzen – bietet dieses Lernarrangement besondere, im sozialen Miteinander ganz auf das jeweilige Kind individuell abgestimmte und zugleich sachangemessene Chancen zum förderlichen Umgang mit Problemen, zur konstruktiven Bewältigung von Schwierigkeiten.

Grundsätzlich – das zeigen die Erfahrungsberichte und Unterrichtshospitationen mit klarer Regelmäßigkeit – scheint es bei der Schreibkonferenzenarbeit weniger, und wenn, dann andersartige Probleme zu geben als beim herkömmlichen Aufsatzunterricht. Im folgenden werde ich daher einige „sensible Stellen" beschreiben, an denen Probleme auftauchen können.

Startschwierigkeiten

Von Zeit zu Zeit gab es in einigen Klassen Kinder, die anfänglich den Schritt zum freien, selbstbestimmten Schreiben nicht oder zunächst nur halbherzig taten, die auf ihrer „Unlust" bzw. ihrem „Ich-weiß-nicht-was" bestanden.

Kevin zum Beispiel, ein kräftiger, handfester „Fußballjunge" aus einem dritten Schuljahr fühlte sich zum Schreiben durchaus nicht hingezogen. Ihm war das alles einfach zu anstrengend. Schreiben war absolut nicht seine Welt.

Er begann zwar während der Freiarbeitszeiten, eine Geschichte zu schreiben. Das selbstverantwortete „Dranbleiben" jedoch packte er nicht. In der freien Arbeit wählte er möglichst Dinge, die nichts mit dem Schreiben zu tun hatten, fand seine „Entwurfseiten" gerade nicht...

Kevin brauchte – so stellte Hauke Niemer, die Lehrerin, nach einiger Zeit aufgrund ihrer (teilweise schriftlich skizzierten) Beobachtungen der Kinder sowie nach einer Phase des Gewährenlassens von Kevin fest – eine individuelle Unterstützung, einen neuen Anstoß verbunden mit speziellen Anregungen zum Weiterschreiben. Sie führte daraufhin während einer freien Arbeitsstunde ein „Schreibgespräch" mit ihm, in dem sie ihm klarmachte, daß es ganz wichtig sei, daß der angefangene Text jetzt fertig geschrieben würde, daß er sich nicht „drücken", aber selbstverständlich Hilfe in Anspruch nehmen könne.

„Kevin konnte sich dann ein Kind wählen, mit dem er sich zum Einstieg noch einmal über seine Geschichte und darüber, wie sie weitergehen könnte, unterhalten sollte.

Ich denke, dadurch bekam er wichtige Anregungen.

Und es klappte auch!

Die Geschichte wurde noch in derselben Stunde fertig!

Das war für ihn eine wichtige Erfahrung: die Geschichte zu Ende gebracht zu haben!

Kevin ist kein begeisterter Vielschreiber geworden.

Er hatte immer Mühe mit seinen Texten; aber er hat seine drei Texte im halben Jahr zustande gebracht, und ich denke mit mehr Lernchancen als im üblichen Aufsatzunterricht."

In einer anderen dritten Klasse hatte es sich für Ralf, einen Jungen mit großen Unsicherheiten in bezug auf sein Selbstwertgefühl, bei seinen anfänglichen Schreibproblemen als eine außerordentliche Erleichterung erwiesen, daß er seinen ersten freien Text gemeinsam mit einem Freund verfassen konnte. Danach war für ihn das Eis gebrochen.

Das Prinzip der „Doppelautorenschaft" oder des „dialogischen Schreibens" bewährte sich übrigens in vielen Klassen – unabhängig von der beschriebenen Problemlage – als eine ausgesprochen schöpferische Schreibkonstellation.

Bei einigen wenigen Kindern drückte sich eine anfängliche Unsicherheit, Unlust oder auch Angst vor dem Schreiben in Formulierungen aus wie: Ich weiß nichts, worüber ich schreiben kann. Folgende „Start- oder Einstiegsrituale" wurden von den Kolleginnen für solche Situationen überlegt und mit Erfolg praktiziert:

- In den meisten Klassen entstanden sehr bald die bereits (vgl. S. 43) beschriebenen Themenplakate („Darüber schreibe ich jetzt" und „Darüber habe ich schon geschrieben"), die von vielen Kindern in der ersten „Suchphase" gerne studiert wurden.
- War ein Kind immer noch unsicher, konnte es zu einem anderen Kind gehen und um eine „Themenkonferenz" bitten, in der mögliche Ideen, bei Sachthemen auch Nachschlagmöglichkeiten usw. besprochen wurden.
- Besonders am Anfang der Arbeit mit Schreibkonferenzen, wenn die Themenplakate erst im Entstehen sind und die „Konferenzerfahrung" der Kinder noch nicht so ausgeprägt ist, haben sich kurze Gespräche zwischen Lehrerin und suchendem Kind als ausgesprochene „Schnellstarter" erwiesen.

Gisela Jansen, Lehrerin einer dritten Klasse, empfindet solche kurzen Lehrerin-Kind-Gespräche auch nach der Anfangsphase des Schreibens mit Schreibkonferenzen immer noch als besonders produktiv: „... So hatte Erdinc kurz vor Weihnachten große Schwierigkeiten, ein Thema zu finden. In solchen Situationen setze ich mich meist mit dem Kind zusammen und unterhalte mich mit ihm, zum Beispiel über seine Hobbies, seine Tiere ... Mit Erdinc sprach ich über das bevorstehende Weihnachtsfest. Da erzählte er mir, daß in der Türkei nicht Weihnachten gefeiert wird, sondern ein anderes Fest, das Bayram heißt.

Das war sein Thema!

Erdinc, sonst eher unruhig und ablenkbar, schrieb zwei Stunden konzentriert, und es entstand ein ausgezeichneter Text."

Strukturierungsschwierigkeiten

Die meisten Kinder verfügen bereits im ersten Schulalter durch häusliche bzw. schulische Erzähl-, Vorlese- oder auch Selbstleseerfahrungen über ein erstes intuitives Konzept davon, was eine „Geschichte“ ausmacht. Solche frühen kindlichen Vorstellungen über Textqualitäten beinhalten im allgemeinen die Auffassung, daß in einer Geschichte „alles, was passiert ist oder gemacht wurde“ in chronologischer Reihenfolge, möglichst vollständig und wahrheitsgetreu berichtet werden muß (vgl. CALKINS 1987). Frühe Texte von Kindern zeichnen sich dementsprechend durch eine parataktische Struktur mit den bekannten „Und da... Und dann...-Reihungen“ aus.

Die Herausbildung der Fähigkeit zur besonderen Hervorhebung bzw. textlichen Gestaltung eines wichtigen Ereignisses als zentralem Punkt eines Textes unter Vernachlässigung anderer unwesentlicher Details mit entsprechend flexibler und beziehungsstiftender Satzverknüpfung bildet sich erst nach dieser frühen „Chronistenphase“ heraus. Diese komplexe Fähigkeit zur absichtsvollen Strukturierung und Gestaltung eines Textes erwerben die Kinder im Laufe des dritten und vierten Schuljahres besonders gut im Rahmen der intensiven Auseinandersetzung mit ihren Texten in Schreibkonferenzen und Veröffentlichungsstunden, unterstützt durch die Modellwirkung von in den Unterricht einbezogenen literarischen Texten aus Kinderbüchern, Lesebüchern usw.

Es gibt jedoch immer wieder aus sprachlich nur wenig anregenden Elternhäusern stammende Kinder, die anfänglich auch damit noch Schwierigkeiten haben, ein Erlebnis nur in der einfach gereihten Form zu strukturieren. Ihnen fehlen meistens nicht nur wichtige Vorlese- bzw. Erzähl- und Zuhörerfahrungen, sondern auch die Tatsache, daß man Erlebtes grundsätzlich für andere (und sei es nur auf einer Postkarte) aufschreiben kann, ist ihnen als reale Erfahrung kaum vertraut.

Trotzdem brennen auch solche Kinder, wenn sie die Möglichkeit dazu bekommen, darauf, von sich und ihren Erfahrungen zu schreiben. Gerade für diese Kinder bietet die Schreibkonferenz ein Szenario, innerhalb dessen sie grundlegende sprachliche Strukturierungserfahrungen erwerben können.

Dies traf auch auf Janine zu, eine Schülerin mit sehr starken Lernschwierigkeiten, die sich Anfang des dritten Schuljahres daranmachte, ihren ersten eigenen Text zu verfassen. Sie wollte gerne von einem für sie sehr beeindruckenden Erlebnis berichten, bekam es aber beim ersten Schreibversuch einfach „nicht auf die Reihe“. Die erste Fassung ihres Kaufhauserlebnisses sah folgendermaßen aus:

Als ich auf dem Elefant sahs Janine1.9.

Da Hat Mamma ein fotto kenacht

und da meine liplinks schur an.

Das war im super2 1000

Da stant der Elefant.

Voller Stolz wählte Janine nun zwei Kinder für ihre erste Schreibkonferenz aus, denen sie ihren Text vorlas. Erst nach mehreren Rückfragen gelang es den Konferenzkindern zu verstehen, worum es Janine in ihrem Text gegangen war. Dann allerdings fanden sie, daß es wirklich ein tolles Erlebnis gewesen sein mußte, auf einem lebendigen Elefanten gesessen zu haben... Für ihre Schreibabsicht bzw. ihr Thema bekam Janine also eine gebührende Bestätigung.

„Aber so geht das nicht... mit deiner Geschichte“, stellten sie anschließend einmütig fest. „Da kommt man voll durcheinander! Das müssen wir anders machen.“

Aber wie diese richtige Erkenntnis umsetzen?

Nach einigen gemeinsamen Versuchen, Ordnung in Janines Text zu bringen, stellten die Konferenzkinder fest, daß sie das allein nicht schafften.

Da in dieser Klasse die Regel galt, daß bei „ernsten Konferenzproblemen“ die Lehrerin als Beraterin hinzugezogen werden sollte, wandten sich die Kinder an Frau G.

Nach einem kurzen Blick auf Janines Text sowie der Problemdarstellung durch die Kinder lobte die Kollegin erst einmal sowohl Janines Textidee als auch die Konferenzgruppe dafür, daß sie zu recht um eine Beratung gebeten hatte. Danach schlug sie vor, daß die Gruppe sich in der nächsten Förderstunde zu einer „Spezialkonferenz“ unter Teilnahme der Lehrerin treffen könnte, um Janines Text gemeinsam zu überarbeiten. Natürlich wollten die Kinder zu dieser „Spezialkonferenz“ kommen, freiwillig, bereits eine Stunde vor regulärem Schulbeginn. An diesen Konferenzen durfte man nämlich nur auf besondere Einladung hin teilnehmen! Eine weitere Spezialkonferenz hatte für diese Förderstunde ebenfalls bereits „einen Termin“ bekommen und war stolz darauf.

Und es war tatsächlich schon etwas Besonderes, wenn man ganz in Ruhe gemeinsam mit der Lehrerin an so eine schwierige Überarbeitung gehen konnte.

Frau G. übernahm dabei grundsätzlich die Rolle der „fragenden Assistentin", die durch Fragen oder Hinweise zum Überdenken anregte, nicht aber komplette Lösungen vorgab.

„Warum habt ihr das am Anfang mit dem Elefanten gar nicht richtig verstanden?"

Die Antworten der Konferenzkinder zeigten Janine, daß die Zuhörer am Anfang überhaupt nicht erfuhren, um was für einen Elefanten es sich handelte (Spielzeug oder lebendig?) und wo sich das ganze abspielte (im Urwald oder wo?). „Und wieso war da überhaupt so ein Elefant?" wollte Jörg noch wissen.

Auf Janines Erläuterungen hin, daß das doch bei einem Fest im „Super 2000" war und daß es da wirklich einen richtigen lebendigen Elefanten zum Reiten gab, kam die Antwort der Kinder: „Dann schreib das doch am Anfang erstmal hin. Dann kapiert man das auch."

„Ja, das ist fast immer ganz wichtig, daß man am Anfang einer solchen Geschichte schreibt, wo sie stattfindet und was es dort Besonderes gab. Erst dann können die anderen Kinder es sich beim Zuhören auch selber vorstellen und werden neugierig", bestätigte Frau G. die Aufforderung der Kinder im Sinne einer „allgemeinen Schreibregel". (Solche Schreibhinweise können, wenn mehrere Kinder ähnliche Strukturierungsprobleme haben, natürlich auch mit der ganzen Klasse besprochen und auf Plakaten festgehalten werden.)

Janine fand daraufhin jedenfalls sofort einen passenden Einstiegssatz, der auch die Zustimmung ihrer Konferenzmitarbeiter fand.

Damit war der „rote Faden" geknüpft, und Janine konzipierte nun – unter Beratung der beiden anderen Kinder – weitgehend ohne direktes Eingreifen der Lehrerin – die zweite Version ihres ersten eigenen Textes. Lediglich bei der Rechtschreibkontrolle war Frau G. im Anschluß stärker unterstützend tätig.

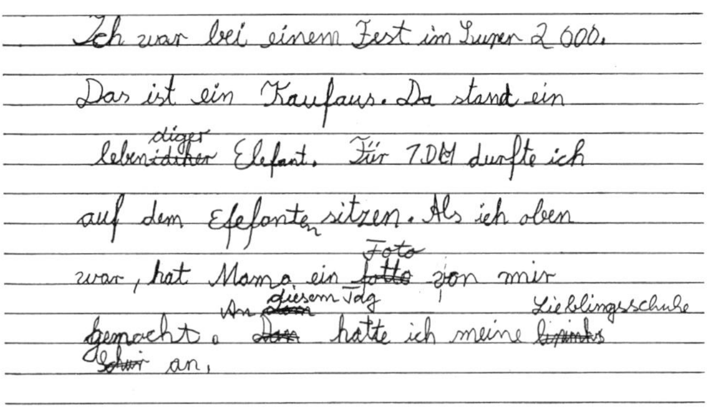
Ich war bei einem Fest im Super 2 000.
Das ist ein Kaufaus. Da stand ein
lebendiger Elefant. Für 7 DM durfte ich
auf dem Efefanten sitzen. Als ich oben
war, hat Mama ein Foto von mir
gemacht. An diesem Tag hatte ich meine Lieblingsschuhe
an.

Alle drei Kinder waren mit der geleisteten Arbeit und dem Ergebnis ausgesprochen zufrieden.

Janine übertrug ihren Text nun noch auf Schmuckpapier und erntete in der Veröffentlichungsstunde großes Lob.

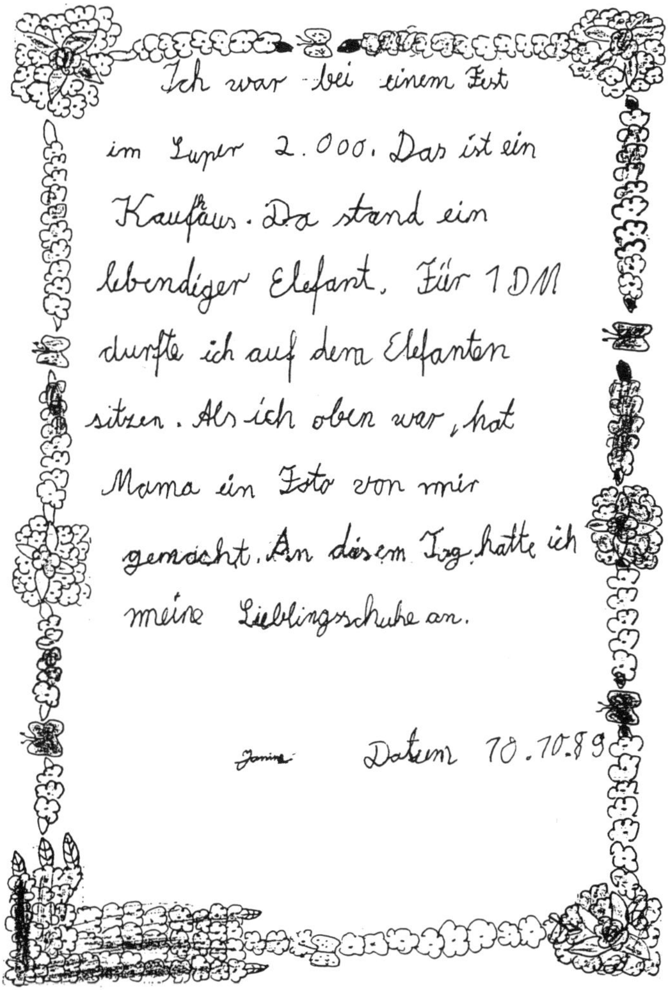

Ich war bei einem Fest
im Super 2.000. Das ist ein
Kaufhaus. Da stand ein
lebendiger Elefant. Für 1 DM
durfte ich auf dem Elefanten
sitzen. Als ich oben war, hat
Mama ein Foto von mir
gemacht. An diesem Tag hatte ich
meine Lieblingsschuhe an.

Janine Datum 10.10.89

Bei ihren nächsten Texten hatte Janine keine solchen grundlegenden Strukturierungsprobleme mehr. Durch die auf sie individuell ausgerichtete Spezialkonferenz hatte sie für sich eine erste Schreibstrategie gefunden, auf der sie aufbauen konnte.

Auch in anderen Fällen, zum Beispiel bei Texten, die in einer Art Comicstil nur aus wörtlicher Rede bestehend geschrieben sind, ohne daß die Sprecher genannt werden und die dadurch für die Zuhörer unverständlich sind, haben sich solche Spezialkonferenzen unter Beteiligung der Lehrerin als sehr sinnvoll erwiesen.

Konferenzschwierigkeiten

Daß die ersten von den Kindern selbstverantwortlich durchgeführten Schreibkonferenzen zunächst nicht gleich alle grundsätzlich in sie gesetzten Erwartungen erfüllen können, daß also manches, was unserem „Lehrer-Röntgenblick" nicht verborgen geblieben wäre, anfänglich noch unentdeckt, unbesprochen bzw. unverändert bleibt, versteht sich eigentlich von selbst. Man kann das Nichtangesprochene notieren und evtl. später thematisieren.

Den Kindern muß ja das bewußte gemeinsame Nachdenken und Sprechen über ihre Texte erst zu einer vertrauten Gewohnheit werden, aus der heraus sie ihre Textanalyse- und Textbearbeitungsfähigkeiten weiterentwickeln können. Von Anbeginn an gehen die Kinder allerdings mit einer für die Kolleginnen faszinierend großen Ernsthaftigkeit und Arbeitsbereitschaft in und nach den Schreibkonferenzen an die Überarbeitung ihrer Texte heran.

In ihrem bereits erwähnten „Schreibkonferenz-Tagebuch" berichtet Jutta Schwenke, Lehrerin einer dritten Klasse, zum Beispiel aus der Zeit direkt nach der Einführung (vor der sie eine gehörige Portion Angst hatte) von ihren Eindrücken aus Schreibkonferenzen, an denen sie selbst als Beobachterin und falls erforderlich als Beraterin teilgenommen hatte:

„Bei den Schreibkonferenzen bin ich begeistert, wie ernsthaft die Kinder bei der Sache sind und welche guten Ideen sie haben, um die Entwürfe zu verbessern. Ich bin, da sehr zufrieden, sehr entspannt und ausgeglichen bei der Sache. Erstaunt bin ich, daß keiner meckert, daß er die Geschichte noch einmal fehlerfrei abschreiben muß . . .

Nicole liest in der Schreibkonferenz ihre, wie ich finde, nichtssagende Geschichte vor. Danach erzählt sie noch etwas Witziges dazu, was ich zum Anlaß nehme, sie zu fragen, ob sie das nicht aufschreiben will. Dadurch würde die Geschichte viel lustiger werden. Sie stimmt zu, was mich erstaunt. Ich hatte befürchtet, daß sie mault, weil sie keine Lust hat, noch mehr zu schreiben.

Dieses Beispiel ist mir eine große Bestätigung für die Schreibkonferenz. So etwas wäre im herkömmlichen Unterricht nicht möglich gewesen. Da hätte ich dann unter ihren Aufsatz wahrscheinlich lediglich geschrieben: In Deinem Aufsatz fehlt der Höhepunkt, die Spannung.

Aber geholfen hätte ihr das sicherlich nicht."

Von Zeit zu Zeit kommt es in manchen Klassen allerdings vor, daß Schreibkonferenzen nach der Phase des Vertrautwerdens mit den Bearbeitungsritualen anfangen unkonzentriert zu arbeiten bzw. zu schludern.

Die Autorenkinder selbst bemerken dies durchaus und beschweren sich verärgert darüber, da sie ja inzwischen erfahren haben, wie stark der Erfolg ihres Textes bei der „Dichterlesung" auch von einer guten Überarbeitung abhängt.

So gab es in Veröffentlichungsstunden durchaus Situationen, in denen Zuhörerkinder bei groben Verstößen gegen verabredete Schreibregeln rügten: „Die Satzanfänge hätten aber in der Schreibkonferenz besprochen werden müssen und nicht erst jetzt!" Ein anderes Mal äußerte sich nach Vortrag und Diskussion seiner Geschichte ein Kind in der Veröffentlichungsstunde verärgert: „Warum hat mir das niemand in der Schreibkonferenz gesagt? Das hätte ich doch verbessert!"

Zu Recht sind zumindest die Autorenkinder (und auch die Lehrerin) verärgert über unkonzentriertes Arbeiten in Schreibkonferenzen. „Das finde ich unfair den anderen gegenüber!" bemängelt Conny aus der dritten Klasse ein solches Verhalten. Aber auch Zuhörerkinder verurteilen oberflächlich arbeitende Schreibkonferenzen; entsprechend formuliert Claudia (ebenfalls dritte Klasse) ihre Meinung dazu: „Ich finde es nicht schön, wenn Schreibkonferenzen nicht gut arbeiten, weil die Geschichten sich dann doof anhören."

Kommen Beschwerden dieser Art gehäuft vor, ist es ratsam, mit der gesamten Klasse ein Nachdenken über die Ursachen von schlechten Schreibkonferenzen einzuplanen.

Gibt es solche Erscheinungen vereinzelt, ist es wichtig, die betreffenden Kinder zu fragen, wie es zu dieser mißglückten Schreibkonferenz kam. Häufig werden Ursachen wie Zeitdruck, Ablenkung durch andere Kinder usw. genannt, also Arbeitshemmnisse, die organisatorisch beseitigt werden können. Darüber hinaus ist es manchmal zusätzlich hilfreich, mit der betreffenden Gruppe noch einmal ein Gespräch über die Wichtigkeit von Schreibkonferenzen zu führen, die Arbeitsschritte durchzugehen sowie die bis zu dem Zeitpunkt verabredeten Schreibregeln in Erinnerung zu bringen.

Hauke Niemer, eine Lehrerin mit langjähriger Erfahrung in Sachen Schreibkonferenzen, gab in einer solchen Situation auch schon mal einer eigentlich leistungsstarken Konferenzgruppe den Text mit der lapidaren Bemerkung zurück, daß sie sich bei dem Ergebnis von den Kindern nicht ernst genommen fühle. Der danach tatsächlich kritisch überarbeitete, gelungene Text machte alle drei froh: das Autorenkind, die Konferenzgruppe und die Lehrerin. Die Bemerkung war als Herausforderung angenommen worden.

In anderen Fällen kann das Zurückgreifen auf die bereits erwähnten Spezialkonferenzen ebenfalls gute Dienste leisten, um die konzentrierte Mitarbeit in Konferenzen wieder zu initiieren. Bei diesen Spezialkonferenzen ist es ein besonders schwieriger Balanceakt für die Lehrerin, das richtige Maß an tatsächlich notwendiger Impulsgebung bei der Überarbeitung zu finden, ohne durch hilfreich gemeinte Überaktivität die kindliche Initiative zu verdrängen. Protokolle von solchen Spezialkonferenzen zeigen immer wieder das (selbst nicht wahrgenommene) Übermaß an gutgemeinter Lehreraktivität, durch das die Kinder aus der Situation der aktiv Gestaltenden ganz leicht in die Rolle der nur noch Ausführenden geraten.

Wichtig sind Fragen und Impulse, die die Kinder zum Nachdenken über eine Textstelle anregen, und weniger Ratschläge oder Vorschläge, wie man es angeblich richtig oder besser macht.

3. Von der Altersstilistik über die Geschichtengrammatik zur Schreibprozeßforschung – Ein Forschungsüberblick

Schreiben – das intellektuelle Produktionsmittel des Menschen (Utz Maas) – ist ein ausgesprochen komplexer Prozeß. Wie bereits dargestellt (vgl. S. 31 ff.), kommen dabei Prozesse der Motivation und Zielplanung, Prozesse des Bereitstellens und Strukturierens von Wissen, des Umwandelns kognitiver Einheiten in sprachliche Sequenzen, des Übertragens dieser Einheiten in Schrift- und Textfolgen bei gleichzeitig ablaufenden Bewertungs- und Überarbeitungsprozessen im Sinne eines Problemlösungsverhaltens zum Tragen. Die einzelnen Teilprozesse wirken dabei in flexibler Reihenfolge durch zielorientierte Rückkopplungsvorgänge interaktiv zusammen und aufeinander ein. Die Ausbildung dieser einzeln beschreibbaren Teilprozesse sowie die Fähigkeit zu ihrer Koordination im eigentlichen Schreibakt selbst geschieht im Laufe eines langjährigen Aneignungsprozesses.

Umfassende Untersuchungen zur Entwicklung einer solchen Textherstellungsfähigkeit bei Grundschulkindern gibt es im deutschsprachigen Raum kaum.

Die herausgelöste Beobachtung einzelner, vor allem an der Oberflächenstruktur von Sprache orientierter Phänomene (wie z. B. Satzverknüpfungsmuster) hat jedoch durchaus eine Forschungstradition. Hier ist primär auf die sogenannte Altersstilforschung zu verweisen, die zuerst in den 20er und 30er Jahren im Rahmen entwicklungspsychologischer Arbeiten (nicht also sprachbezogener Forschungen) entwickelt wurde (stellvertretend: Obrig 1934). An deren Ergebnisse wurde besonders in den 50er und 60er Jahren von Sprachdidaktikern wieder angeknüpft (Doderer 1960, 1961; Pregel 1969 a und b).

Aus diesen Forschungen stammen wesentliche Erkenntnisse bzw. große Teile der bis heute in Kriterienkatalogen zur Sprachstandsanalyse benutzten Kategorien zur Altersstilbeschreibung, wie zum Beispiel

- die Beschreibung des Schreibstils der Schulanfänger als vorwiegend gekennzeichnet durch gereihte Hauptsätze mit den typischen, im Perfekt gehaltenen „Und-da-Verbindungen“ (additiver Fresco-Stil, Pregel),
- die Klassifizierung der Schreibweisen der Dritt- und Viertkläßler im Sinne eines differenzierten Erzählschemas, das durchaus eine Anfangssequenz, eine Aufgipfelung und einen Schluß kennt (Doderer), verbunden mit der Entdeckung des Präteritums als schriftlicher Erzählzeit und der zunehmenden Verwendung bzw. beziehungsstiftenden Verknüpfung von Haupt- und Nebensätzen.

Natürlich konnten wir an den Texten der Schreibkonferenzkinder derartige Veränderungen wahrnehmen, d. h., wir beobachteten stilistische Entwicklungen, wobei diese Veränderungen teils intuitiv erfolgten, teils im Rahmen bewußter, selbstbestimmter Spracherprobungshandlungen. Angeregt durch Nachfragen und positive Rückkopplungen in den Konferenzen bzw. vor allem in den Veröffentlichungsstunden wurden unterschiedliche Gestaltungsmittel aus der Situation heraus immer wieder einmal im Gespräch thematisiert und von den Kindern in ihrer Leistung durch „Einsatzproben" gewürdigt. So geschah es nicht selten, daß nach solchen Gesprächen viele Kinder bei ihren späteren Texten auf das gewürdigte Phänomen zurückgriffen, es experimentell einsetzten, um so die Wirksamkeit und die Einsatzbereiche durch die Zuhörerreaktion auszutesten.

Überblicksartig lassen sich die besonders charakteristischen Veränderungen in den von uns beobachteten Klassen wie folgt beschreiben:

Zu Beginn des dritten Schuljahres

- war der Schreibstil bei den meisten Kindern eher unverbunden aufzählend, assoziativ;
- dominierten gereihte „Und da ... Und dann"-Satzfolgen;
- war die schriftliche Erzählsprache wie in der Sprechsprache ausschließlich das Perfekt;
- geschah die Darstellung von Ereignisabläufen noch relativ unvorbereitet, ohne Höhepunkt oder abschließende Bewertung;
- war die Darstellung noch stark kontextgebunden, also für Leser/Zuhörer häufig nicht ohne Rückfragen nachvollziehbar.

Am Ende des vierten Schuljahres

- war der Schreibstil aller Kinder in Wortwahl, Satzbau und Textaufbau an der Schriftsprache orientiert;
- benutzten die Kinder souverän das Präteritum für die Darstellung vergangener Ereignisabfolgen;
- wiesen die Texte, sofern es sich um Erlebtes oder Nacherzähltes handelte, eine komplette narrative Struktur auf, also keine gereihte Textkonstruktion, sondern ausgehend von einer Einführung erfolgte die Darstellung einer (oder mehrerer) Komplikation(en) sowie ihrer Lösung (Höhepunkt), gefolgt von einer (wertenden oder reflektierenden) Stellungnahme als Schlußsequenz;
- wiesen die Texte differenzierte Darstellungen von wichtigen Einzelheiten oder Beziehungen auf sowie Überlegungen zu Ursache–Wirkungs-Verhältnissen, was sich in einer zunehmend komplexen Verweisungsstruktur sowie in entsprechend differenzierten Satzverbindungen durch kausale und temporale Konjunktionen (Verflechtung der semantischen, pragmatischen und syntaktischen Elemente, Hypotaxe statt Parataxe) ausdrückte;

- wurden unterschiedliche Stilmittel wie rhetorische Fragen, wörtliche Rede, sachliche Beschreibung usw. textsortenangemessen benutzt;
- wurde adressatenbezogen und gleichzeitig der eigenen Absicht gemäß geschrieben, also sowohl die Perspektive des Zuhörers berücksichtigt als auch die eigene Absicht (zum Beispiel zu unterhalten) in die Schreibplanung integriert.

Ergänzt um einen weiteren Aspekt wurden die Erkenntnisse der Altersstilforschung in den 70er/80er Jahren durch Untersuchungen im angelsächsischen Sprachraum, die sich bewußt nicht mehr auf isolierte, vorab definierte sprachliche Phänomene und ihre Verwendung in Texten bezogen, sondern eine grundsätzlichere Fragestellung zu klären versuchten. Untersucht wurde, ob und wenn ja, welche konzeptionellen Vorstellungen Kinder (und Erwachsene) über den charakteristischen Aufbau einfacher narrativer Texte (Erzählung, Märchen) besitzen.

Als eine solche Minimalstruktur „einfacher Geschichten" könnte man in Anlehnung an den diesbezüglichen Forschungsbericht von Hoppe-Graf/Schöler (1981) folgende Elementengruppierung bezeichnen: Ausgangspunkt ist ein Orientierungsteil bzw. Anfangszustand, der gefolgt wird von einem Aktivität auslösenden Ereignis (oder mehreren solchen) mit temporaler und kausaler Verknüpfung und der abgeschlossen wird durch einen (veränderten) Endzustand.

Die übereinstimmenden Ergebnisse der hierzu sehr zahlreich vorliegenden Untersuchungen dokumentieren, daß bereits 5jährige Kinder, also Vorschulkinder bzw. Schulanfänger über eine Art „Geschichtengrammatik" verfügen, d. h., ein intuitives Strukturmodell besitzen, wie einfache Geschichten aufgebaut sind. Diese intuitive Geschichtengrammatik wird von den Kindern wie eine Erwartungshaltung (Was muß als nächstes passieren...) im Sinne einer Hypothesen testenden Aktivität für den Fortgang einer Geschichte sowohl beim Textverstehen als auch beim eigenen Verfassen von Texten benutzt (vgl. RUMELHART 1977; STEIN/GLENN 1979).

Die freien Texte der Kinder aus den von uns beobachteten Klassen wiesen grundsätzlich – bis auf seltene Ausnahmen wie z. B. bei Janines erster Geschichte – deutlich die beschriebenen Strukturmerkmale einfacher narrativer Texte auf, wobei die Komplexität dieser Struktur (durch die Darstellung temporaler, kausaler oder auch moralischer Verwicklungen in der Aktivitätsphase) bereits zu Beginn des dritten Schuljahres extreme Unterschiede aufwies. Zwei Textbeispiele mögen diese auf sprachlich unterschiedlich anregenden Vorerfahrungen beruhenden Differenzen verdeutlichen.

Kevin, der bereits erwähnte Fußballjunge mit geringen Schreibneigungen bzw. -vorerfahrungen, erzählte in seinem zweiten Text Anfang des dritten Schuljahres sein Erlebnis mit einer verletzten Möwe.

Die Möwe

Als wir in Dänemark waren,
sind wir spazieren gegangen.
Da sahen wir eine verletzte Möwe.
Mama ist immer näher gegangen,
und sie ist immer noch sitzen
geblieben, und Mama hat sie
aufgehoben. Sie war ganz doll
verletzt von einer Schiffschraube.
Wir haben sie mitgenommen
nach Hause, und wir haben sie
gesund gepflegt. Eines Tages hat
meine Schwester sie am Strand
ausgesetzt und sie ist davon
geflogen.

Kevin

Kevin gibt seinem kurzen, noch im Perfekt gehaltenen Text eine klare lineare Version der erwähnten dreischrittigen Struktur, obwohl bis dahin im Unterricht nicht über einen solchen Textaufbau gesprochen wurde. Deutlich ist für den Leser/Hörer der Orientierungsteil „Spaziergang in Dänemark“ als Einstimmung zu erkennen.

Der „Aktivitätsteil“ beginnt mit der Entdeckung der Möwe, gefolgt von der Annäherung an das verletzte Tier, der Erläuterung seiner Verletzung sowie der Darstellung der Entscheidung, die Möwe zu Hause gesund zu pflegen.

Im Schlußsatz wird der neue „Endzustand“ beschrieben: Die Möwe ist gesund und kann wieder fliegen.

Die bereits erwähnte „Hundewunschgeschichte“ von Josua, einem eher an Büchern als an Fußball interessierten Jungen aus derselben Klasse, geschrieben als erste Geschichte Anfang des dritten Schuljahres, ist bereits konsequent im Präteritum gehalten. Auch wenn der Text syntaktisch betrachtet noch in der Parataxe verfaßt, also reihend strukturiert ist, so weist er – inhaltlich analysiert – bereits eine ausgesprochen facettenreiche, temporale, kausale sowie moralische „Verwicklungskette“ in der „Aktivitätsphase“ auf, bevor am Schluß der ersehnte neue Endzustand „Besuchshund“ dargestellt wird.

Josua und der kleine Hund

Es war einmal ein kleiner Junge, der
hieß Josua. Er wollte immer einen Hund
haben. Da sagte der Vater: „Aber im
darf man keinen Hund haben.“
Dann sagte die Mutter: „Du mußt zur
“ Am nächsten Tag, ging die Mutter
mit Josua auf den . Da saß
im Gebüsch ein kleiner Hund und wein-
te. Da sagte Josua: „Darf ich ihn mit-
nehmen?“ und nahm ihn mit. Zu Hause
gab Josua ihm was zum Essen und
was zu Trinken. Dann kam der Vater.
Da tat Josua schnell den
unter das und spielte mit Papa.
Nach einiger Zeit machte es „wuff.“
Da fragte der Vater: „Was ist das?“
Da sagte der Josua: „Nichts, nichts,
es war draußen.“ Aber das war ja
eine Lüge. Da machte es wieder „wuff.“

Da schaute der Vater unter das
und da saß der kleine .
Da sagte Josua: „Ach, darf ich ihn
behalten?" Da sagte der Vater: „Aber morgen
mußt du ihn zurück bringen. Am
nächsten Tag ging die Mutter wieder
auf den Spielplatz. Da saß auf der Bank
eine alte Oma und weinte. Da fragte Josua,
ob der Hund ihr gehört und sie sagte: „Ja."
Da gab er den Hund der Oma zurück. Sie
freute sich sehr und sagte: „Danke.
„Wenn du willst, darfst du ihn so
oft du willst besuchen. Willst du
das.?" Da sagte Josua: „Ja."

Josua

Die hier erwähnten Forschungsergebnisse zur „Geschichtengrammatik" sind im Zusammenhang mit der Arbeit mit freien Texten bzw. Schreibkonferenzen deshalb interessant, als sie einen weiteren Beleg für die besondere Sinnhaftigkeit dieser Art Schreiberziehung erbringen. Denn über ihre freien Texte öffnen die Kinder uns ein Fenster, durch das wir im positiv diagnostischen Sinne das Entwicklungsniveau ihres intuitiven Strukturmodells von Geschichten wahrnehmen und dadurch für individuell passende Anregungen sorgen können.

Darüber hinaus erklären diese Befunde zusätzlich, warum bereits Grundschulkinder in Schreibkonferenzen von Anfang an nicht nur emotional engagierte Rückkopplungen zum Inhalt zu geben vermögen, sondern durchaus auch konstruktiv zum Textaufbau Stellung nehmen können.

Stellten die Arbeiten zur Herausbildung einer Art intuitiver Geschichtengrammatik bei Kindern im Vergleich zur Untersuchung von „Altersstilen“ zunächst eine wichtige Erweiterung des Blickwinkels für die Analyse kindlicher Schreibentwicklungsverläufe dar, so wurden jedoch dem Forschungsansatz „Altersstilistik“ selbst in den letzten Jahren von verschiedenen Seiten her erhebliche Unzulänglichkeiten nachgewiesen. Bereits 1972 legte Valentin Merkelbach in seiner „Kritik des Aufsatzunterrichts“ dar, daß die rein sprachentwicklungspsychologisch ausgerichtete Interpretation kindlicher Schreibweisen die ganz erheblichen sprachlichen Unterschiede innerhalb eines „Stilalters“ entweder ignoriere oder aber sie als Ausdruck eines sogenannten „organischen Wachstums“ vernachlässige, statt ihre soziokulturelle Bedingtheit anzuerkennen und in ihren Auswirkungen zu reflektieren (Merkelbach 1972, S. 31–51).

Vom literaturdidaktischen Standpunkt herkommend, zeigte Kaspar H. Spinner ein weiteres, genuin entwicklungspsychologisches Defizit der Altersstilforschung auf, da deren Arbeiten „den Schwerpunkt noch auf die äußeren Merkmale der Sprache“ legen und den Aspekt, daß Sprache als Medium der Weltaneignung und Ich-Findung fungiert, außer acht lassen. So konstatierte er 1982 mit Bedauern: „Noch gibt es allerdings kaum Untersuchungen, die das literarische Schreiben als Ausdruck des Bemühens um Weltbewältigung und Ich-Findung in entwicklungspsychologischer Sicht interpretieren“ und dabei Modellvorstellungen aus der Kognitionspsychologie sowie der interaktionistischen Identitätstheorie berücksichtigen (Spinner 1982).

Die Forschungsergebnisse der Kognitionspsychologie (Piaget, Neisser) aufgreifend, bezogen sich die gravierendsten Einwände gegen die Altersstilforschung auf ihre als problematisch gewertete theoretische Fundierung. Anstoß genommen wurde vor allem an dem eher statisch ausgerichteten Stufenmodell der Sprachentwicklung, das dieser vorwiegend quantitativ arbeitenden Forschungsrichtung zugrunde liegt (vgl. Neisser 1974; Piaget 1972 a und b).

In ihren Konsequenzen führte diese Kritik zu ganz entscheidenden Impulsen für eine grundlegende Neufassung einer Theorie des Schreibens bzw. der Modellvorstellungen über Schreibentwicklungsverläufe bei Kindern und Erwachsenen (Bereiter, Hayes/Flower).

Das Erkenntnisinteresse der neueren Schreibprozeßforschung bezog sich folgerichtig nicht mehr darauf, welche sprachlichen (stilistischen) Besonderheiten in Kindertexten einer Altersgruppe zu erkennen waren, sondern darauf,
- wie Kinder zu Veränderungen in ihrem Schreibverhalten gelangen;
- welche kognitiven, psychosozialen Prozesse am Zustandekommen solcher Entwicklungen beteiligt sind;

- ob Schreibentwicklungsverläufe „typisch“ erfolgen, d.h., ob typische Zugriffsweisen zum Schreiben (Schreibstrategien) zu erkennen sind mit eventuell typischen Entwicklungsniveaus;
- welche Bedeutung dabei der Sprachbewußtheit (auch bei Kindern) zukommt.

Diese veränderten Fragestellungen berücksichtigen, daß Schreibstrategien nicht nur die sprachliche Entwicklung eines Menschen widerspiegeln, sondern ebenso das Niveau seiner kognitiven Verarbeitungsstrategien reflektieren als auch Aufschluß geben über seine moralische und psycho-soziale Wahrnehmungsfähigkeit. Besonders Bereiter betont, daß hinter den oberflächlichen stilistischen Veränderungen in Kindertexten (wie sie sich in Wortwahl, Satzlänge, Satzbau, syntaktischer Struktur sowie in der Textkonstruktion manifestieren) grundlegende Veränderungen qualitativer Art stehen, die für die jeweils neue Art und Weise ursächlich sind, mit der Kinder auf unterschiedlichen Schreibniveaus an das Schreiben herangehen (Bereiter 1980).

Ein wesentliches Ergebnis dieser Forschungsrichtung ist die Erstellung von Prozeßmodellen zur Schreibentwicklung, wobei diese Modelle zwar von Forschungsgruppe zu Forschungsgruppe unterschiedliche Akzentuierungen aufweisen, in ihrer generellen Aussage aber übereinstimmen, nämlich darin, daß

„Schreibentwicklung aus einer allmählichen Erweiterung und gleichzeitigen Verfeinerung von relevanten Schreibschemata auf unterschiedlichem Prozeßniveau“ besteht,

wobei der Begriff *Schemata* verstanden wird im Sinne der von Bosch benutzten Definition (die auf Seitz von 1924 zurückgeht und von der amerikanischen Kognitionspsychologie aufgegriffen wurde) als

„kognitive Hintergrundstrukturen, deren Aktivierung einer Problemlösung bzw. Zielerreichung dienen“ (Bosch 1987; Neisser 1974).

Im folgenden gebe ich einen Überblick der fünf von Bereiter analysierten Schreibschemata, die im Sinne kognitiver Hintergrundstrukturen den qualitativ unterscheidbaren Schreibhaltungen (auch Schreibweisen, Zugriffsweisen zum Schreiben oder Schreibmodi genannt) entsprechen, so wie sie nach Bereiter für Schreibentwicklungsprozesse vom Schreibanfänger bis hin zum kompetenten erwachsenen Schreiber konstitutiv sind.

Gleichzeitig werden diese fünf Schreibniveaus mit Beobachtungen und Ergebnissen aus der Arbeit in den „Konferenzklassen“ verglichen bzw. kontrastiert.

Alle diese fünf klassifizierten Schreibhaltungen gehen davon aus, daß das Kind (der Schreiber/die Schreiberin) bereits über die elementaren mechanischen Schreibfähigkeiten soweit verfügt, daß mittels unserer Buchstabenschrift Sprache zu Papier gebracht werden kann.

1. Die assoziative Schreibhaltung

Sie ist dadurch charakterisiert, daß das Kind (der/die Erwachsene) Ideen und Gedanken zu einem selbst gewählten oder vorgegebenen Thema gerade so niederschreibt, wie sie ihm – im Rahmen einer Kette von Assoziationen – in den Sinn kommen. Von einer bewußten Gestaltung oder Strukturierung des Textes kann keine Rede sein, da der Schreiber unwillkürlich vom Gedankenfluß gesteuert schreibt bzw. so lange schreibt, wie ihm Ideen kommen, nicht aber zum Beispiel durch einen bewußten Schluß den Text beendet.

Calkins bezeichnet aufgrund ihrer Fallstudien diese Art zu schreiben bei Kindern eher als die *Chronistenschreibweise,* womit sie dezidiert eine andere Qualität der in dieser Phase leitenden kognitiven Hintergrundstruktur postuliert (Calkins 1987, S. 156). Während Bereiter die Textentstehung bei dieser Zugriffsweise zum Schreiben als ungeplant und von der Zufälligkeit des Ideenflusses dominiert beschreibt *(a data-driven-process),* verweist Calkins darauf, daß die Kinder während dieser für die Anfänge des Schreibens typischen Schreibhaltung durchaus einem internalisierten Schreibschema folgen: In einer Geschichte muß alles (alle Ereignisse, Handlungen) möglichst vollständig und in der richtigen Reihenfolge (das bedeutet wahrheitsgetreu) wiedergegeben werden.

Erst mit zunehmender Schreib- und Leseerfahrung verändern Kinder diese einengende Schreibhaltung so, daß sie die Freiheit gewinnen, von der Wahrheitsforderung bzw. dem Chronologiedogma abzulassen zugunsten neuartiger, kreativer Textgestaltung. Unsere fallstudienartigen Beobachtungen sowie Erhebungen durch Interviews liefern eine deutliche Bestätigung für die aus der Prozeßbeobachtung gewonnene Auffassung von Calkins. Ja, Kinder im dritten bzw. vierten Schuljahr können bereits – ohne direkt darauf angesprochen zu sein – in einer reflektierenden Selbstanalyse ihrer Schreibvorlieben eine solche Veränderung der eigenen Schreibstrategien wahrnehmen und deutlich benennen (Fähigkeit zur Metakognition).

Judith zum Beispiel formuliert am Ende des dritten Schuljahres im Rahmen ihrer Stellungnahme zur Arbeit mit freien Texten und Schreibkonferenzen deutlich ihre Einstellung zu diesen beiden Schreibhaltungen, ohne daß speziell danach gefragt worden wäre: *„Ich schreibe am liebsten ausgedachte Geschichten, weil man da seine Träume und Gedanken ausdrücken kann. Ich finde Erlebnisse schön, aber mich stört, daß man da alles erzählen muß, wie es war und daß man es nicht so ausdrücken kann, wie man will...“*

Claudia offenbart, daß sie sich im Laufe des dritten Schuljahres „die Freiheit“ zu einer eigenen Schreibweise genommen habe, bei der sie Wahrheit und Phantasie bewußt miteinander vermischen könne: *„Ich schreibe gern über Erlebnisse und Phantasiegeschichten. Denn ich habe eigene Freiheit im Schreiben. Mein Thema fällt mir meistens erst in der Schule ein, wenn ich nachdenke. Ich denke an alle*

Sachen, die ich mal erlebt habe, oder ich male mir lustige Sachen aus. Dazu denke ich mir eine passende Überschrift aus. Manchmal mische ich Erlebnisse mit Phantasie. ... Ich kann meine Erlebnisse zusammenfassen und eine Geschichte daraus machen. Meine Geschichte ist dadurch entstanden, weil ich meine Erlebnisse zusammengefaßt habe und dann mit Phantasie verbunden habe. ...“

Auch Stephan hat seine diesbezügliche Strategieveränderung selbst wahrgenommen und ebenfalls als befreiend erlebt. Anfang des fünften Schuljahres auf die Schreibkonferenzzeit im dritten/vierten Schuljahr zurückblickend – drückt er den Wechsel der Schreibhaltung in Form eines AHA-Erlebnisses aus, durch das er Ende des dritten Schuljahres „besser schreiben“ gelernt habe. Er habe sich eines Tages einfach von der Vorstellung gelöst, daß man in Geschichten immer alles genau nacherzählen müßte: *„Naja, ich dachte immer, ich muß lange Nacherzählungen schreiben.“*

2. Die normorientierte Schreibhaltung

Sie wird von Bereiter als neuartige Schreibqualität in dem Sinne beschrieben, daß Kinder/Erwachsene nun versuchen, in zunehmendem Maße normbezogene Aspekte – Orthographie, Stilistik, Grammatik – in ihre bislang assoziative Schreibweise zu integrieren. In Bereiters Entwicklungskonzept steht diese Schreibhaltung hierarchisch gesehen gegenüber der assoziativen Schreibweise in einer höheren Position. Sie wird abgelöst von qualitativ wiederum höherwertigen Schreibschemata, wobei diese „Stufenfolge“ teilweise (vorschnell) mit der kindlichen Lern- bzw. Entwicklungsfolge gleichgesetzt wird.

Wir können eine solch eindeutige hierarchische Plazierung dieser Schreibhaltung aus den Beobachtungen in unseren Schreibkonferenzklassen nicht bestätigen. Die Integration dieses Schreibaspektes in ein komplexes Schreibschema sehen wir eher als einen Prozeß an, der bereits in den frühen schulischen Schreibaktivitäten der Kinder zum Tragen kommt und sich mit seiner traditionellen Überbewertung vor allem der Orthographie schon sehr früh – bei ersten Schreibversuchen – ausgesprochen hemmend auswirken kann. Darüber hinaus erfolgt eine allmähliche Differenzierung und Erweiterung der normbezogenen Fähigkeiten im Verlauf eines eigenständigen diesbezüglichen Entwicklungsprozesses (vgl. Spitta 1988a), den Erwerb qualitativ neuartiger Zugriffsweisen zum Schreiben kontinuierlich begleitend, bis die gleichzeitige Berücksichtigung normbezogener Fähigkeiten allmählich (im Rahmen eines jahrelangen Prozesses) im automatisierten Zugriff (als Routine) aufgehoben ist und beim Schreiben quasi von alleine „mitläuft“.

3. Die kommunikativ orientierte Schreibhaltung
Sie zeichnet sich aus durch die Fähigkeit zur zunehmenden Integration der Leser-/Hörerperspektive in das aktuelle Schreibverhalten. Sind frühe Texte von Kindern – wegen der Schwierigkeiten, die der abstrakte Perspektivenwechsel anfänglich bereitet – häufig stark kontextgebunden verfaßt, also für einen fremden Leser/Hörer nicht ohne Zusatzinformation verständlich, so sind Kinder mit zunehmender Schreiberfahrung nach und nach in der Lage, die Situation des Adressaten sowie die beabsichtigte Wirkung ihres Textes beim Schreiben selbst mitzubedenken.

Die gängigen schreibentwicklungspsychologischen Arbeiten gehen nun insgesamt unter Berufung auf die Dominanz des kindlichen Egozentrismus (Piaget) davon aus, daß junge Schreiber/-innen bis zum fünften Schuljahr nicht in der Lage sind, diesen Perspektivenwechsel beim Schreiben zu bewältigen.

Unsere Beobachtungen bzw. die Texte von Kindern aus Schreibkonferenzklassen zeigen allerdings deutlich andere Ergebnisse. Zum einen konnten wir feststellen, daß Kinder in realen schriftlichen Kommunikationssituationen sogar bereits im ersten Schuljahr die Situation eines Briefempfängers sowie die mögliche Effektivität ihrer Schreibweise mitbedachten und sich dabei dezidiert überlegten, mit welchen Worten sie ihren Adressaten am besten dazu bewegen könnten, sich ihrer Schreibabsicht gemäß zu verhalten, in diesem Fall, ihnen einen Besuch abzustatten (vgl. SPITTA 1988 b).

Grundsätzlich ist es sicher korrekt zu konstatieren, daß in den schultypischen formalen, für Kinder meist disfunktionalen Schreibsituationen mit fiktivem Adressaten, aufgesetzter Schreibabsicht und vorgegebenem Thema die Kinder viel weniger in der Lage sind – und wie sie selbst formulieren, oft auch nicht willens sind –, ihre Schreibfähigkeit zu entwickeln bzw. zu zeigen. Von daher gilt es sich davor zu hüten, Texte, die in einem solchen schulisch verzerrten Schreibmilieu entstanden sind, unkritisch als Belege für die Möglichkeiten kindlicher Schreibentwicklung zu werten.

Martin erklärte die nachteiligen Auswirkungen des Schreibens zu vorgegebenen Themen für ihn selbst zum Beispiel so: *„Das ist ganz einfach. Wenn einem ein Thema überhaupt nicht gefällt, dann mag man auch nicht so gerne darüber schreiben, und dann macht man das nicht so gut, als wenn man über ein Thema schreibt, das einem sehr gut gefällt."*

Im übrigen spiegeln die Texte der von uns in den Schreibkonferenzklassen begleiteten Kinder, gerade was die Integration der Adressatenperspektive in die eigene Schreibabsicht angeht, ein rasantes Entwicklungstempo wider. Dadurch, daß die Kinder Textentwürfe und Endfassungen in Schreibkonferenzen bzw. Veröffentlichungsstunden realen Zuhörern präsentierten, also ständig mit Fragen, Kommentaren und Hinweisen aus der Leser-/Hörerperspektive konfrontiert waren, entwickelten sie bereits sehr früh im dritten Schuljahr (parallel zur zunehmenden Integration normbezogener Aspekte in ihr Schreibschema) eine Art besonderer Sensibilität für den Adressaten und dessen spezifische Situation.

So wie Janine nach ihrer ersten Schreibkonferenz bei allen Entwürfen zu weiteren Texten automatisch berücksichtigte, daß die späteren Leser/Zuhörer erst einmal eine Art Orientierung (Einführung) in das Thema brauchen, so bedachten die übrigen Kinder in immer stärkerem Maße ebenfalls schon beim Planen und Verfassen ihrer Entwürfe mögliche Fragen, Einwände und erwartbare Hinweise ihrer Adressaten.

4. Die authentische Schreibhaltung

Sie ist charakterisiert durch die Möglichkeit zu einer weiteren, neuartigen Perspektivenverschränkung beim Schreiben. Hierunter wird die Integration einer distanziert kritischen Bewertungskompetenz dem eigenen Text gegenüber in die bis dahin entwickelte Schreibhaltung verstanden und damit verbunden die Herausbildung eines persönlichen Stils.

Die Fähigkeit, einen eigenen Text während und nach dem Schreiben nicht automatisch als „fertig und endgültig“ zu betrachten, sondern ihn gemäß eigenen literar-ästhetischen, inhaltlichen und normativen Ansprüchen kritisch wahrnehmen zu können, erfordert ein stabiles Selbstvertrauen gepaart mit erheblichem Distanzierungsvermögen. Erst ein nachdenklich machender Abstand zu sich selbst kann die Möglichkeit zu gelassen-kritischem Umgang mit eigenen Texten eröffnen. Offensichtlich fällt es ohnehin leichter, einen fremden Text prüfend zu lesen als den eigenen, dem man emotional verbunden ist.

Auch für diese Schreibhaltung gilt, daß sie in der gängigen schreibentwicklungspsychologischen Literatur (vor allem die angelsächsischen Forschungen sowie deren Rezeption in Deutschland umfassend) für Grundschulkinder, ja teilweise für Jugendliche als unerreichbar klassifiziert wird (vgl. Bereiter 1980; Baurmann 1990). Unsere Beobachtungen von Kindern in Schreibkonferenzklassen beim Schreiben selbst sowie beim Sprechen über Texte in Schreibkonferenzen und Veröffentlichungsstunden legen nahe, diese Zuschreibung als unzutreffend zurückzuweisen.

So wuchs zum Beispiel im Laufe des vierten Schuljahres die Zahl derjenigen Kinder stetig, die beim Verfassen eines Textes plötzlich ihre Schreibtätigkeit nicht nur für eine kleine Denkpause (Konzeptionspause) unterbrachen, sondern aufstanden und umhergingen, dabei ihren Text mitnahmen, ihn sich selbst (laut oder leise) vorlasen, sich dann wieder an ihren Platz begaben, um jetzt eventuell Veränderungen vorzunehmen, vielleicht auch den Text so zu belassen, oder aber manchmal ganze Passagen (teilweise auch ganze Texte) zu verwerfen. Manche

Kinder äußerten den Wunsch, ihren Text noch einmal eine Nacht „überschlafen" zu können.

Andere Kinder praktizierten folgendes Distanzierungsverhalten: Sie gingen zu einem Freund, einer Freundin, um ihnen ihren Text vorzulesen. Häufig begaben sie sich anschließend geradewegs wieder auf ihren Platz, ohne die Reaktion des Zuhörers/der Zuhörerin abzuwarten, mit gemurmelten Kommentaren wie „Ach so, jetzt weiß ich..." oder „Ja, das geht nicht...". Die Vorlesesituation hatte offensichtlich ausgereicht, um die nötige Distanz für eine überlegte Entscheidung herzustellen.

Die lange Praxis des selbstverständlichen Eingehens auf die Texte anderer Kinder in der Rolle des Zuhörers, ohne daß damit je eine Abwertung des jeweiligen Textes oder gar des Kindes selbst verbunden gewesen wäre, scheint mir ein fruchtbarer Boden zu sein für die Entwicklung einer kritischen Bewertungskompetenz dem eigenen Text gegenüber bereits im Grundschulalter.

5. Die heuristische Schreibhaltung

Sie beinhaltet im Vergleich zu den bisher dargestellten Schreibschemata eine besonders große qualitative Veränderung, als es hierbei das charakteristische Merkmal ist, daß der Schreiber/die Schreiberin nicht mehr nur Gedanken zu Papier bringt, also Denkergebnisse aufschreibt, sondern, daß beim Schreiben selbst Ideen, Gedankengänge, Zusammenhänge schreibend neu entdeckt bzw. entwickelt werden. Dieses „Schreibdenken" wird als Höhepunkt eines gelungenen Schreibentwicklungsprozesses angesehen.

Ein solches Schreiben als Sinnfindungsprozeß setzt voraus, daß über die Fähigkeit zur Perspektivenverschränkung hinaus eine kreativ reflektierende Haltung den eigenen Gedanken gegenüber eingenommen werden kann, wodurch „schreibdenkend" neuartige Erkenntnisse, Zusammenhänge, Einsichten gefunden werden können. Diese höchste Stufe im Schreibentwicklungsprozeß wird allgemein ausschließlich dem kompetenten erwachsenen Schreiber zugeordnet.

Die Prozeßbeobachtung in bzw. die Texte aus Klassen, in denen mit freien Texten und Schreibkonferenzen gearbeitet wurde, lassen auch hier ein Umdenken angebracht erscheinen. Teilweise zeigen schon Drittkläßler, daß sie bei aller noch vorhandenen Unvollkommenheit bzw. Entwicklungsbedürftigkeit ihrer Schreibfähigkeiten durchaus in der Lage sind, in bestimmten Schreibsituationen diese Haltung einzunehmen.

Dies gilt im übrigen nicht etwa nur für „besonders Begabte", sondern „ereignet" sich von Zeit zu Zeit bei sehr vielen Kindern, dann, wenn sie an persönlich wichtigen, ihre Identitätsfindung betreffenden Themen arbeiten. Daniels Text über seinen Hamster (vgl. S. 29) ist ein gutes Beispiel dafür.

19.6.87

Mein Hamster

Eines Tages kamen mein Vater und mein Bruder mit einem Hamster nach Hause. Ich habe mich sehr gefreut über ihn Mein Hamster sieht anders aus als andre. Er ist grau und das ist selten. Ich habe mich mit ihm gleich angefreundet. Er war noch sehr klein und weich und ganz knudelig. Ich gab ihm ein Stück Mohrrübe, und er aß es auf. Ich habe mich sehr über sein Verhalten gewundert, denn ich dachte, daß er seine Hamsterbacken benutzen würde. Es kam mir so vor, als wenn er es nicht wußte. Nach ein paar Tagen hatte er es gelernt. Wie ich auch alles lernen muß.

Daniel Kohlschmidt

Daniel, ein eher leistungsschwacher Schüler, hatte zu Beginn seiner Arbeit erklärt, daß er einen Text über seinen neuen Hamster, den er sehr mochte, schreiben wolle – irgendein Erlebnis – so meinte er.

Als Plan stand zunächst also eine „Hamsterepisode“ im Zentrum seines Schreibinteresses. Schreibend wurde ihm dabei jedoch seine eigene „Lerngeschichte“ als langsam lernender Schüler bewußt, über die er nie vorher in der Klasse gesprochen hatte, und schreibend fand er in dieser Gemeinsamkeit mit seinem geliebten Hamster eine Möglichkeit, sich selbst in seiner Eigenart zu akzeptieren und dies den anderen Kindern mitzuteilen.

Wie bereits berichtet, war die Akzeptanz seiner Person in der Klasse danach besonders groß.

Bei der Kontrastierung der fünf klassifizierten Zugriffsweisen zum Schreiben mit den Erfahrungen und Erhebungen aus den Schreibkonferenzklassen ist implizit – bedingt durch die Ergebnisse – bereits eine Kritik an der hierarchischen Stufenkonzeption von Bereiters Entwicklungsmodell der Schreibschemata zum Ausdruck gekommen. Ein Entwicklungskonzept, das schlicht ein Modell von aufeinander aufbauenden Phasen oder Stufen im traditionellen Piaget’schen Sinne annimmt, wird unserer Erfahrung nach der Dynamik und Vielfältigkeit von Schreibentwicklungsprozessen nicht gerecht.

Nach unseren Beobachtungen integrieren Kinder neue Fähigkeitsbereiche in den Komplex des bereits vorhandenen Fähigkeitssystems und strukturieren dabei die bis dato entwickelte Schreibhaltung um, wenn sie neue Aspekte beim Schreiben berücksichtigen. Die Reihenfolge der integrierten Fähigkeitsbereiche muß dabei jedoch nicht zwangsläufig der Bereiterschen Hierarchie entsprechen (Sachstruktur kann nicht automatisch gleichgesetzt werden mit Aneignungsstruktur!), sondern wird eher eine individuell bestimmte, spezielle Reihenfolgedynamik aufweisen.

Ein solcher über Erweiterungen und Verfeinerungen ablaufender Umstrukturierungsprozeß geschieht – wie wir an den Kindern beobachten konnten – zu wesentlichen Teilen eigenaktiv, gesteuert über Rückkopplungsvorgänge (zum Beispiel in Schreibkonferenzen) sowie experimentell-explorativ austestend. Dabei versuchen die Kinder in einer Art Jongleursakt (Hayes/Flower) die verschiedenen Fähigkeitsbereiche in ein funktionierendes dynamisches System zu integrieren, wobei einzelne Jonglierbälle (Teilsysteme) der Erleichterung wegen auch vorübergehend aus dem Verkehr gezogen werden können (zum Beispiel kann die Beachtung bestimmter Normen einfach auf einen zweiten Textdurchgang verschoben werden).

Bereiter selbst interpretiert seine Erkenntnisse über die Funktion von Schreibniveaus in der Auseinandersetzung mit der kritischen Rezeption durch andere Forschungsgruppen denn auch als eine Konstruktion, die qualitativ unterschiedliche Schreibhaltungen transparent macht, nicht aber eine gestufte Aneignungstheorie beinhaltet. Obwohl er nach wie vor von „Schreibentwicklungsstufen" spricht, konzidiert er: „Man muß annehmen, daß, wenn Kinder die ersten mechanischen Voraussetzungen für das Schreiben bewältigt haben (im einfachen Sinne geschriebene Sprache herstellen können), sie grundsätzlich bereits Zugang haben zum gesamten Komplex der Schreibmodi Erwachsener, obwohl die Denkschemata oder kognitiven Strukturen noch wenig ausgeprägt bzw. differenziert sind." (Übersetzung: die Verf. aus: Bereiter 1980, S. 79)

Die Kindertexte aus den Schreibkonferenzklassen liefern deutliche Beweise dafür, daß Kinder in „produktiven Lernszenarios" sehr früh damit beginnen, Aspekte von Schreibhaltungen in ihre Schreibweise zu integrieren, die traditionellerweise viel älteren Schülern oder gar erst Erwachsenen zugeschrieben werden.

Ausblick

Vieles – viel mehr als erwartet – hat sich im Laufe der letzten Jahre in den Klassen verändert, in denen sich Kinder und Lehrer/innen auf das Wagnis „Schreibkonferenzen“ einließen. In einigen Klassen schloß diese Veränderung selbst den Schulgeruch ein: *„Es riecht nach Geschichten ...“* Dynamik, Qualität und Auswirkungen dieser Veränderungsprozesse bei Kindern und Lehrer/rinnen standen im Mittelpunkt des vorliegenden Bandes.

Geschrieben habe ich dieses Buch zum einen mit der Absicht, anderen Kolleginnen und Kollegen – aus theoretisch begründeten Erkenntnissen heraus verbunden mit überaus positiven Erfahrungen in der Praxis – Mut zu machen, beim „Aufsatzunterricht“ einmal traditionelle Ansätze zu verlassen, und sich statt dessen neugierig, offen und kritisch auf andere kind- und zugleich sachangemessene Wege zum Schreiben einzulassen. Zum anderen ist es mir wichtig, daß die vorliegenden Erfahrungen und Berichte verstanden werden als ein erster Schritt, der zu weiteren vertiefenden bzw. spezielle Fragestellungen auslotenden Untersuchungen anregen möge.

- Welche Rituale erweisen sich als besonders produktiv, um Kindern zielgerichtetes Überarbeitungsverhalten in Schreibkonferenzen zu ermöglichen?
- Welche „Verabredungen“ erleichtern es Lehrer/n/innen, „loszulassen“ und Textproduktion und -überarbeitung stärker in die Verantwortung der Kinder zu übergeben?
- Wie verändern sich Sprachbewußtheit sowie die Fähigkeit zur Metakognition während der Arbeit mit Schreibkonferenzen?
- Gibt es typische Überarbeitungsstile bei Kindern?
- Gibt es typische Entwicklungen beim Überarbeitungsverhalten von Kindern im Laufe von zwei Jahren Erfahrung mit Schreibkonferenzen?

Dies sind Fragestellungen, zu denen wir erste Hypothesen gebildet haben, die zu überprüfen aufschlußreich und weiterführend sein wird.

Mir scheint dies ein lohnender Arbeitsansatz zu sein, da hier Unzufriedenheit in der Praxis zum Ausgangspunkt gemacht wurde für Forschungsaktivitäten, und zwar so, daß die weitere Entwicklung von Theorie und Praxis in einem fruchtbaren Wechselverhältnis aufeinander bezogen erfolgen kann.

Literaturverzeichnis

Wer für die Unterrichtspraxis hilfreiche Literatur zum Weiterlesen sucht, sollte die Titel mit vorangestelltem * wählen.

ANDRESEN, HELGA: Ist Schreibenlernen etwas für kleine Mädchen, in: Diskussion Deutsch, H. 46/1979, Diesterweg, Frankfurt/Main, S. 145 ff.

*BALHORN/BRÜGELMANN (Hrsg.): Welten der Schrift in der Erfahrung der Kinder, Faude, Konstanz 1987

BAURMANN, JÜRGEN u. a.: Schreibprozesse bei Kindern, in: H. 36: Produktion schriftlicher Texte, OBST (Osnabrücker Beiträge zur Sprachtheorie), Osnabrück 1987, S. 81–109

BECK, OSWALD/HOFEN, NIKOLAUS: Aufsatzunterricht Grundschule, Schneider, Hohengehren 1990

BEINLICH, ALEXANDER: Das schriftsprachliche Gestalten und die Stilpflege, in: DERS.: Handbuch des Deutschunterrichts, Lechte, Emsdetten 1969

BEREITER, CARL: Development in Writing, in: GREGG, L. W./STEINBERG, E. R. (Ed.): Cognitive Processes in Writing, Lawrence Erlbaum, Hillsdale/New Jersey 1980, S. 73–96

BERGK, MARION: Leselernprozesse und Erstlesewerke. Analyse des Schriftspracherwerbs und seiner Behinderungen mit Kategorien der Aneignungstheorie, Kamp, Bochum 1980

BERGK, MARION/MEIERS, KURT: Schulanfang ohne Fibeltrott, Klinkhardt, Heilbronn 1985

BOSCH, BERNHARD: Zum „Schema-Konzept" in Wahrnehmungs- und Denkpsychologie, in: H. 36: Produktion schriftlicher Texte, OBST (Osnabrücker Beiträge zur Sprachtheorie), Osnabrück 1987, S. 178 ff.

BRANSCOMBE, A./HEATH, S. B.: 'Intelligent Writing' in an Audience Community: Teachers, Students and Researchers, in: FREEDMAN, SARAH (Ed.): The Aquisition of Written Language, Response and Revision, Ablex, Norwood/New Jersey 1985/89

CALKINS, LUCY: The Art of Teaching Writing, Heinemann, Porthsmouth/New Hampshire 1987

CAZDEN, COURTNEY, B. u. a.: Spontanous Repairs in Sharing Time Narratives: The Intersection of Metalinguistic Awareness, Speech Events and Narrative Style, in: FREEDMAN, SARAH (Ed.): The Aquisition of Written Language, Response and Revision, Ablex, Norwood/New Jersey 1985/89

DODERER, KLAUS: Zur sprachlichen Situation der Schulanfänger und der Grundschulkinder, in: Westermanns Pädagogische Beiträge, H. 10/1960, S. 413–17 und H. 3/1961, S. 100–05

Eigler, Gunter: Schreiben als kognitiver Prozeß, in: Unterrichtswissenschaft, H. 4, 1985
Flower, Linda/Hayes, John R.: The Dynamics of Composing: Making Plans and Juggling Constraints, in: Gregg, Lee/Steinberg, Erwin (Ed.): Cognitive Processes in Writing, Lawrence Erlbaum, Hillsdale/New Jersey 1980
Freedle, R. O. (Ed.): New Directions in Discourse Processing, Vol. 2, Ablex, Norwood/New Jersey 1979
Freedman, Sarah (Ed.): The Aquisition of Written Language, Response and Revision, Ablex, Norwood/New Jersey 1985/89
Freedman, Sarah/Sperling, Melanie: Written Language Aquisition: The Role of Response in the Writing Conference, in: Freedman, Sarah (Ed.): The Aquisition of Written Language, Response and Revision, Ablex, Norwood/New Jersey 1985/89
Freinet, Celestin, Vom Schreiben und Lesenlernen, in: Boehncke, H./ Humburg, J.: Schreiben kann jeder, Rowohlt, Reinbek 1980
Gansberg, Fritz: Der freie Aufsatz. Seine Grundlagen und seine Möglichkeiten, Vogtländer, Leipzig 1914/Dürrsche Buchhandlung 1946
Geissinger, Joachim: Schriftspracherwerb im 18. Jahrhundert – Kulturelle Verelendung und politische Herrschaft, in: H. 11, OBST (Osnabrücker Beiträge zur Sprachtheorie), Osnabrück 1979
Graves, Donald: Writing: Teachers and Children at Work, Heinemann, London 1983
*Graves, Donald: Kinder als Autoren, in: Brügelmann, H. (Hrsg.): ABC und Schriftsprache. Rätsel für Kinder, Lehrer und Forscher, Faude, Konstanz 1986
Hayes, John R./Flower, Linda: Identifying the Organisation of Writing Processes, in: Gregg, Lee/Steinberg, Erwin (Ed.): Cognitive Processes in Writing, Lawrence Erlbaum, Hillsdale/New Jersey 1980
Herwig, Henriette: Identität und Fremdverstehen in interaktionistischer und literaturdidaktischer Sicht, in: Spinner, Kaspar (Hrsg.): Identität und Deutschunterricht, Vandenhoeck, Göttingen 1980
*Hildebrand, Rudolf: Vom deutschen Sprachunterricht in der Schule und von deutscher Erziehung und Bildung überhaupt, Verlagsbuchhandlung Liebel, Nürnberg 1946
Hillocks, George Jr.: Research on Written Composition, NCRE, ERIC, Urbana, Illinois 1986
Hoppe-Graf, Siegfried/Schöler, Hermann: Was sollen und was können Geschichtengrammatiken leisten?, in: Mandl, Heinz (Hrsg.): Zur Psychologie der Textverarbeitung. Ansätze, Befunde, Probleme, Urban & Schwarzenberg, München 1981, S. 310–353
Jensen, Adolf/Lamzus, Wilhelm: Unser Schulaufsatz – ein verkappter Schundliterat, Verl. Alfred Jansen, Hamburg 1910

MAAS, UTZ: Vorlesung Grundzüge der deutschen Orthografie, Fachbereich Sprach- und Literaturwissenschaft der Univ. Osnabrück 1989 (als Msk. vervielfältigt)
MANDL, HEINZ (Hrsg.): Zur Psychologie der Textverarbeitung. Ansätze, Befunde, Probleme, Urban & Schwarzenberg, München 1981
*MENZEL, WOLFGANG: Es heißt nicht ‚kriegen', sondern ‚bekommen', in: Praxis Deutsch, Sonderh. 1979, Friedrich, Seelze, S. 34 ff.
MERKELBACH, VALENTIN: Studienbuch: Aufsatzunterricht, Schöningh, Paderborn 1982
MERKELBACH, VALENTIN: Aufsatz, in: DINGELDEY, E./VOIGT, J. (Hrsg.): Kritische Stichwörter zum Deutschunterricht. Ein Handbuch, München 1974
MERKELBACH, VALENTIN: Kritik des Aufsatzunterrichtes. Eine Untersuchung zum Verhältnis von schulischer Sprachnorm und Sozialisation, Diesterweg, Frankfurt/Main 1972, S. 31–51
MOLITOR, SYLVIE: Kognitive Prozesse beim Schreiben, in: Forschungsberichte, H. 31, Okt. 1984, Deutsches Institut für Fernstudien an der Univ. Tübingen
MURRAY, D. M.: A Writer teaches Writing: A practical Method of teaching Composition, Houghton Mifflin, Boston 1968
NEISSER, ULRIC: Kognitive Psychologie, Klett, Stuttgart 1974
OBRIG, ILSE: Kinder erzählen angefangene Geschichten weiter, in: Arbeiten zur Entwicklungspsychologie, München 1934, S. 3–69
PIAGET, JEAN: Urteil und Denkprozeß des Kindes, Schwann, Düsseldorf 1972 a
PIAGET, JEAN: Denken und Sprechen des Kindes, Schwann, Düsseldorf 1972 b
PREGEL, DIETRICH: Die Stilalter im mündlichen Darstellungsstil des Grundschulkindes, in: Wirkendes Wort, H. 2/1969 a, S. 73–104
PREGEL, DIETRICH: Kindersprache als Gegenstand der Forschung, in: Westermanns Pädagogische Beiträge, H. 9/1969 b, S. 324–30
RUMELHART, DAVID: Understanding and Summarizing Brief Stories, in: LABERGE/SAMUELS (Ed.): Basic Processes in Reading, Lawrence Erlbaum, Hillsdale/New Jersey 1977, S. 265–303
SANNER, ROLF: Aufsatzunterricht, in: LANGE, G. u. a. (Hrsg.): Taschenbuch des Deutschunterrichts, Bd. 1 u. 2, Päd. Verl. Burgbücherei Schneider, Baltmannsweiler [6]1986
SCHRÖTER, GOTTFRIED: Von der Theorie zur Praxis der Aufsatzbeurteilung, in: Praxis Deutsch, H. 10/1975, S. 49 ff.
*SENNLAUB, GERHARD: Spaß beim Schreiben oder Aufsatzerziehung?, Kohlhammer, Stuttgart 1980
SPINNER, KASPAR: Entwicklungsspezifische Unterschiede im Textverstehen, in: DERS.: Identität und Deutschunterricht, Vandenhoeck, Göttingen 1980 a
SPINNER, KASPAR (Hrsg.): Identität und Deutschunterricht, Vandenhoeck, Göttingen 1980 b

Spinner, Kaspar: Poetisches Schreiben und Entwicklungsprozeß, in: Der Deutschunterricht, H. 4/1982, Klett, Stuttgart, S. 5–19

Spitta, Gudrun: Geben wir den Kindern Zeit, damit sie aus ihren Fehlern lernen können, in: Die Grundschulzeitschrift, H. 12/1988 a, Friedrich, Seelze, S. 4–12

*Spitta, Gudrun: Kinder schreiben eigene Texte in Klasse 1 und 2, Cornelsen Scriptor, Frankfurt/Main [3]1988 b

*Spitta, Gudrun (Mod.): Themenheft Schreibkonferenzen. Die Grundschulzeitschrift, H. 30/1989, Friedrich, Seelze

Spitta, Gudrun: ‚Aber am schönsten ist dann das Vorlesen ...' Interview mit zwei elfjährigen Schülern über ihre Erfahrungen mit Schreibkonferenzen, in: Die Grundschulzeitschrift, H. 30/1989, Friedrich, Seelze

Stein, nancy/Glenn, Christine: An Analysis of Story Comprehension, in: Freedle, R. O. (Ed.): New Directions in Discourse Processing, Vol. 2, Ablex, Norwood/New Jersey 1979, S. 53–120

Szagun, Gisela: Sprachentwicklung beim Kind, Urban & Schwarzenberg, München 1983

Wygotsky, Leonid: The Prehistory of Written Language, in: Martlew, Margret (Ed.): The Psychology of Written Language, John Wiley & Sons, New York 1983, S. 279–292